TRAITÉ

SUR LES

DOMAINES ENGAGÉS.

TRAITÉ

SUR LES

DOMAINES ENGAGES,

ET

SUR LA LOI DU 14 VENTOSE AN VII.

OUVRAGE dans lequel on indique les moyens d'exécution de cette Loi, les plus avantageux à la République et aux Engagistes ; avec la table chronologique des grands Fiefs , des grands Domaines, et des Pays réunis jusqu'à ce jour à la République : terminé par le recueil des principales Lois relatives aux engagemens des Domaines.

Par **A. G. G. BOUDET**, Jurisconsulte.

A PARIS,

Chez RONDONNEAU , au Dépôt des Lois, place du Carrousel.

AN VIII.ᶜ

PLAN

DU

TRAITÉ DES DOMAINES ENGAGÉS.

Art. XXI. Permission de vendre accordée aux engagistes : à quelles conditions. *Page* 119.

PARTIE SEPTIÈME.

Révocation prononcée contre ceux qui ne feront pas leur déclaration; revente des biens.

PARTIE HUITIÈME.

Paiement des adjudications et indemnités.

OBSERVATIONS PRÉLIMINAIRES.

Les lois rendues sur les engagemens des Domaines, ont presque toujours eu le même sort; elles ont toutes excité de violentes réclamations, aussitôt après leur publication, et elles n'ont point été mises à exécution.

Il suffit, pour s'en convaincre, de parcourir les annales de notre législation.

Long-temps avant Charles IX, on avait déjà reconnu la nécessité de mettre des bornes aux déprédations des biens du Domaine.

Les abus se multipliaient à l'infini. On n'y avait encore apporté aucun remède, lorsque le chancelier l'Hôpital détermina Charles IX à publier l'ordonnance de février 1566, connue sous le nom d'Ordonnance des Domaines.

Les dispositions sévères de cette loi suspendirent pendant quelque temps les abus, mais elle ne les firent point cesser.

Il fallut bientôt avoir recours à de nouvelles lois répressives. Celles qui ont été rendues sous les règnes d'Henri IV et de ses successeurs, sont des monumens qui attestent également la continuation des abus et l'inutilité des efforts employés pour les réprimer.

Les discours prononcés à l'Assemblée nationale, par le directeur général des finances, ne contiennent que des plaintes et des regrets sur cet objet important.

La proclamation des véritables principes adoptés par l'Assemblée constituante, et rappelés à leur exécution par la Convention, n'a pas été plus utile.

Ce n'est pas avec plus de succès que la République a offert aux engagistes, par la loi du 14 ventose an VII, de leur accorder la confirmation perpétuelle de leurs engagemens, et qu'elle s'est restreinte à ne leur demander qu'une portion de la valeur de ces biens ; enfin, les menaces qu'elle a prononcées contre ceux qui refuseraient de profiter de ces offres, n'ont pas produit plus d'effet.

D'où viennent donc les obstacles que tant de lois ont éprouvées dans leur exécution ? Pourquoi toujours de nouvelles entraves ont-elles arrêté la marche du Gouvernement ? Pourquoi s'y opposent-elles encore, même dans un temps où la nation doit employer toutes ses ressources pour arriver à cette paix si desirée, qui peut seule rendre à la France le bonheur et son ancienne splendeur ?

On peut en reconnaître deux causes. La première est dans l'intérêt particulier de chacun des engagistes : ils espèrent n'être pas découverts : ils se flattent que le caractère d'une possession ancienne ne sera pas reconnu ; et quoique leur silence puisse entraîner la perte totale du Domaine de l'engagement, ils préfèrent de courir une chance dont l'avantage est confirmé par une expérience de plusieurs siècles, plutôt que de demander une maintenue qu'il faudrait certainement payer.

La seconde est dans l'ignorance des vrais principes. Les uns s'aveuglent eux-mêmes sur la cause et sur le titre de leur possession. D'autres, qui n'ont aucune connaissance des maximes domaniales, ne voient dans leurs domaines qu'un patrimoine qui leur paraît inattaquable ; ils invoquent les droits de la propriété, garantis par l'ordre social ; ils regardent les efforts du Gouvernement comme des actes odieux, comme des vexations injustes, auxquelles il est naturel et légitime de se soustraire par tous les moyens que l'adresse et l'intérêt peuvent inspirer.

Il n'entre point dans le plan de cet ouvrage de convertir les premiers. On leur dirait en vain que l'intérêt particulier doit céder à l'intérêt général ; que le bonheur public est attaché exclusivement au retour de la paix, dont les efforts communs doivent hâter le moment ; que les sommes immenses à espérer de la déclaration des domaines engagés dispenseront d'établir de nouvelles impositions, et allégeront le poids accablant de celles qui existent ; que des avantages incalculables pour l'agriculture, le commerce et la société entière, résulteront de cette diminution d'impôts : l'intérêt personnel l'emportera sur toutes ces considérations ; ils seront sourds à ces motifs et à toutes ces réflexions.

Mais il est utile d'instruire les autres, et de leur faire connaître leur véritable position.

Ils ont un intérêt puissant et légitime à savoir à quelles obligations ils sont soumis par le caractère de leur possession ; il est juste de les éclairer.

La loi ne veut pas que des citoyens qui sont propriétaires légitimes de leurs héritages, soient troublés ; elle ne veut pas qu'une possession dont le caractère aurait pû étre douteux dans son origine, mais qu'elle a elle-méme consacrée depuis, soit inquiétée. Il est donc important de faire connaître à ceux qui doivent jouir de ces avantages, le droit qu'ils ont de les réclamer, les exceptions dans lesquelles ils doivent se placer, et les moyens de se garantir des demandes auxquelles le zèle trop actif de quelques agens du Domaine pourrait les exposer.

Ceux qui possèdent des domaines auxquels doit s'appliquer l'exécution de la loi, ont un intérêt égal à s'instruire des principes, afin d'éviter, ou une dépossession ruineuse, ou des contestations toujours si dispendieuses, et dont le mauvais succès n'aurait à leur laisser que des regrets de n'avoir pas été assez éclairés sur leurs droits ou sur la faiblesse de leurs moyens.

Tel est le but de cet ouvrage, dont l'auteur devra s'estimer heureux s'il a pu contribuer, par son travail, à maintenir quelques-uns de ses concitoyens dans leurs propriétés, ou à leur éviter des contestations dans lesquelles ils auraient succombé.

En s'élevant contre les dilapidations malheureusement trop communes, et trop souvent attestées par notre histoire, on n'accusera personne en particulier : on ne doit voir, dans ces abus, que les effets ordinaires des passions des hommes.

Dans tous les temps, les courtisans placés près de la source des graces, les ont accumulées sur leur tête. Dans tous les siècles et chez tous les peuples, les cours des rois ont été le séjour de l'intrigue et de la cupidité; la flatterie, la ruse, les bassesses, la violence, y servaient tour-à-tour l'intérêt personnel, l'orgueil ou l'ambition.

Qu'il est rare de voir des hommes qui n'aient pas sacrifié à ces passions, dans les lieux où elles exerçaient le plus universellement leur empire!

Et la République elle-même n'a-t-elle pas eu à gémir tous les jours sur des dilapidations plus déplorables encore? Triste attribut de l'humanité! les passions des hommes sont toujours les mêmes; elles ne font que changer d'objet!

INTRODUCTION.

DE quels biens le DOMAINE est-il composé ?

ON entend en général, par le mot *domaine*, toutes les propriétés qui appartiennent à la République. On donnait autrefois cette dénomination à tous les biens et à tous les droits qui étaient attachés *à la couronne.*

Il n'est point de nation policée qui n'ait un *domaine*, parce qu'il n'en est point qui ne réunisse des propriétés particulières, et dans laquelle il n'y ait des biens qui appartiennent nécessairement au public.

Le *domaine* d'une nation remonte, à proprement parler, aux premiers momens de l'existence de la nation elle-même. Une société générale ne peut se former, elle ne peut se conserver et se perpétuer, sans une puissance publique qui maintienne l'intérêt et le droit commun de tous, contre la volonté ou les entreprises particulières d'un seul. Pour y parvenir, il faut qu'elle possède des biens, des droits, des revenus.

Des Domaines engagés. A

C'est ainsi que le *domaine* a commencé à se former dès l'époque de l'entrée des Francs dans les Gaules.

On sait que ces peuples, qui habitaient alors au-delà du Rhin, se rendirent d'abord maîtres de quelques contrées en-deça de ce fleuve. La ville de Tournay devint la capitale de leur nouvel état, et le berceau de la nation Française. Clovis, secondé par la valeur de ses troupes, fit, pendant les troubles de l'Empire, la conquête des provinces qui étaient restées sous la puissance des Romains : il soumit les pays qui s'étaient soustraits à son autorité, et il s'empara de tous les droits dont les Romains et dont ceux qui dominaient sur ces provinces étaient en possession.

Leurs revenus étaient de plusieurs sortes.

1.º Le produit des fonds de terres qui appartenaient à l'état ;

2.º L'imposition annuelle payée par chaque individu, à raison de ses propriétés et de ses facultés ;

3.º Le produit des péages et des douanes ;

4.º Les confiscations.

Ainsi s'est composé, dans ces temps reculés, le patrimoine d'un peuple naissant, et qu'on a appelé depuis si improprement *l'apanage de la cou-*

ronne. Les siècles qui se sont succédés ont vu ce *domaine* recevoir des augmentations considérables.

Tous ces biens qui appartenaient à la nation en corps, tous ces revenus qui n'existaient que pour l'utilité publique, n'étaient pas et ne pouvaient pas être la propriété d'un seul. Suivant les principes mêmes de la monarchie, les rois n'étaient que les *dépositaires et les administrateurs de la puissance publique ;* ils ne pouvaient, ni s'en attribuer la propriété, ni l'acquérir pour eux-mêmes, de quelque manière que ce fût. Ce principe est commun à tous les temps et à tous les peuples.

Combien, cependant, la pureté de ces maximes a-t-elle été long-temps méconnue ! Après combien de siècles la lumière des vrais principes a-t-elle dissipé les ténèbres de l'ignorance ! Quelles difficultés l'ordonnance si sage et si nécessaire, rédigée par l'immortel chancelier l'Hôpital en 1566, n'a-t-elle pas éprouvées dans son exécution !

On ne fera point ici l'histoire de toutes les déprédations du *domaine ;* elles ont été si excessives, qu'à différentes époques il a fallu réprimer les abus par des lois nouvelles, et toujours sans un succès complet. Quelque sévères que soient leurs dispositions, un grand nombre de détenteurs de ces biens ont trouvé le secret de se maintenir dans leurs anciennes possessions.

Les biens du *domaine* sont de deux sortes:

Les uns sont *domaniaux* par leur nature.

Les autres sont devenus tels, soit parce qu'ils ont fait partie du *domaine* dès le commencement de la monarchie, soit parce qu'ils ont été réunis à l'empire français, à différentes époques.

DES DOMAINES ENGAGÉS.

TITRE PREMIER.

Des biens domaniaux par leur nature.

On appelle ainsi les biens dont l'usage est commun à tous, mais dont la propriété appartient à la puissance publique.

Tels sont,

1.° Les rivages de la mer;

2.° Les rivières navigables, les lacs et étangs publics;

3.° Les grands chemins,

4.° Les murs, fossés, remparts et contrescarpes des villes.

ARTICLE PREMIER.

Du rivage de la mer.

De toutes les choses destinées à l'usage commun des hommes, soit par leur nature ou par leur police, il n'y en a point dont l'usage ait plus d'étendue et soit plus universel que celui des mers, qui sont naturellement communes à tout l'Univers.

Mais quoique l'usage des mers soit commun à tous, la liberté de s'en servir doit avoir ses bornes, pour prévenir les inconvéniens qui arriveraient, si chacun usait à son gré de la navigation et de la pêche. Il a été juste de laisser à l'autorité publique le soin de prévenir ces abus. C'est elle qui est chargée du soin d'assurer le repos public ; c'est à elle qu'appartient la police de l'ordre dans la société ; c'est donc à elle à régler la dispensation et l'usage d'une chose commune à tous. C'est par cette raison que la propriété du rivage de la mer, qui semble plutôt appartenir à la mer elle-même que dépendre du *domaine* des hommes, a été attribuée dans tous les temps à la puissance publique, par une suite de cet empire que les nations exercent sur les côtes qui bordent leurs états. (1)

Les lois anciennes ont déterminé l'étendue et les limites du rivage de la mer, et elles l'ont constamment réservé à l'autorité publique. Il était d'autant plus important de maintenir leurs dispositions, qu'il avait été plus difficile d'obliger les seigneurs des grands fiefs voisins des côtes à renoncer à leurs usurpations, et à abandonner les prétentions qu'ils faisaient valoir à titre de propriété ou de jurisdiction. (Ord. de la marine, tit. 7, préamb.)

L'ordonnance de la marine, du mois d'août 1681, définit le rivage de la mer en ces termes, tit. VII, art. I.er : *Sera réputé bord et rivage de la mer, tout ce qu'elle couvre et découvre pendant les nouvelles et pleines lunes, et jusqu'où le*

---

(1) *Littora in quæ populus romanus imperium habet, populi romani esse arbitror.* L. V, ff. ne quid in loc. pub.

grand flot de mars se peut étendre sur les grèves. (1)

Mais le rivage de la mer n'est pas une borne immuable de cet élément ; il peut changer, s'avancer ou se reculer. Lorsqu'en s'éloignant il découvre de nouveaux terrains, à qui doit appartenir cette propriété nouvelle que la mer a, pour ainsi dire, créée en se retirant ?

La question se décide par une distinction fondée sur la nature même des choses.

Si le terrain que la mer avait envahi est abandonné par elle dans un temps où le souvenir d'une possession ancienne se conserve encore, soit dans la mémoire des hommes, soit par des titres authentiques, il retourne à son ancien propriétaire qui n'a été dépouillé que de fait, et qui a toujours conservé la volonté de le posséder. (2)

Mais si la mer abandonne un terrain, sans qu'on puisse se rappeler le temps où elle ne l'avait pas occupé, ce terrain public dans son origine continue de l'être ; il appartient à la puissance publique, à compter du moment auquel il est devenu susceptible de propriété. L'édit de février 1710, qui le déclare *domanial*, y reçoit son application.

---

(1) *Littus est quo usque maritimus fluctus à mari pervenit.* Leg. 96 , ff. de verb. signiff.

Littus publicum est eà tenus quà maxime fluctus hybernus exæstuat. Leg. 112 , eod titulo.

(2) *Si cujus ager inundatus fuerit, inundatio speciem, id est, causam et conditionem fundi non mutat, et ob id, si recesserit aqua, palàm est fundum ejus manere cujus fuit.* L. VII. v. 6. ff. de acq. re-dom.

A R T I C L E   I I.

Des rivières navigables.

D E S motifs d'intérêt général ont fait placer les rivières navigables sous la main de la puissance publique. Elles ne sont point susceptibles d'une propriété privée, mais la nature les a destinées aux usages publics.

Elles sont domaniales, dès qu'elles peuvent porter bateaux naturellement et sans l'industrie des hommes.

Cette propriété publique et la domanialité des rivières, étaient depuis long-temps reconnues. L'ordonnance de Charles IX, de juillet 1572, les regarde comme un principe incontestable, que l'ordonnance d'août 1669 confirme en ces termes : (Ord. 1669, tit. XXVII, art. XLI.) *Déclarons la propriété de tous les fleuves et rivières portant bateaux de leur fond, sans artifices et ouvrages de mains, dans notre royaume et terres de notre obéissance, faire partie du domaine de notre couronne, nonobstant tous titres et possessions contraires. sauf les droits de pêche, moulins, bacs et autres usages que les particuliers peuvent y avoir par titres et possessions valables auxquels ils seront maintenus.*

Il n'en est pas de même des petites rivières qui ne paraissent destinées qu'aux usages des cantons qu'elles arrosent. Elles étaient placées dans la propriété des seigneurs de fiefs; et elles ont été reconnues, par les lois nouvelles, appartenir, jusqu'au milieu, à chacun des propriétaires riverains; mais les grandes rivières sont destinées aux usages de la république entière. Ce sont elles qui réunissent les départemens; aussi, dans tous les temps, ont-elles été considérées comme faisant partie du *domaine*. (Boutellier, liv. 1.ᵉʳ, tit. 72. Loisel, tit. 2, art. 5. Salving, liv. 1.ᵉʳ, chap. 37 et 60. Lebret, liv. 2, chap. 15. Chopin, tit. 15, n.° 3. Loiseau, chap. 12, n.° 120. Bacquet, *des droits de justice*, ch. 50.)

Quels sont les effets de cette propriété *domaniale*?

Ils sont de deux sortes :

1.° La propriété du canal de la rivière donne à la puissance publique le droit exclusif d'y exercer la police, d'en régler la navigation, d'y permettre l'établissement des moulins, d'en concéder la pêche, d'y jeter des ponts, d'y établir des bacs.

2.° Cette propriété s'étend sur le fond même du canal de la rivière. Lorsque le fleuve abandonne son lit, ou lorsqu'il vient à en changer, le fond de ce canal ne devient pas une propriété particulière ; il ne perd pas sa qualité *domaniale*. Il faudrait un titre aux particuliers pour s'en emparer et pour le posséder ; il n'en faut pas au *domaine* pour le conserver. De-là découlent naturellement les principes qui font regarder les îles qui s'élèvent du milieu des rivières, les îlots et les attérissemens, comme faisant partie du *domaine*. La législation n'a jamais varié sur ce point.

Il faut cependant distinguer entre le lit qu'une rivière se forme par une irruption subite, et qu'elle abandonne quelque temps après pour reprendre son ancien canal, et un lit qu'elle a long-temps occupé, qu'elle abandonne entièrement, et dans lequel elle ne retourne plus.

Dans le premier cas, ce n'est qu'une inondation momentanée, qu'une invasion éphémère qui laisse au propriétaire dépouillé le droit de rentrer dans son héritage aussitôt que les eaux se sont retirées ; autrement le caprice d'un fleuve et les intempéries des saisons enlèveraient successivement aux propriétaires leurs fonds les plus précieux pour en accroître les biens du *domaine.* (1)

Dans le second cas, les anciens propriétaires sont ignorés par la longueur de la discontinuation de leur possession : et ce terrain une fois devenu public, par la longue occupation de la rivière, ne peut plus cesser de l'être. (Traité du Domaine, tit. 1.er, pag. 20.)

ARTICLE III.

Des îles.

La *domanialité* des îles qui naissent dans les rivières navigables, est établie par des lois anciennes dont les dispositions ont été souvent renouvelées.

Les lettres-patentes de François I.er, de 1539, ordonnèrent qu'il fût procédé à la recherche des îles du Rhône.

L'ordonnance de Charles IX, du 7 juillet 1572, déclare appartenir au *domaine* les îles, îlots, attérissemens, qui se forment dans les rivières et fleuves publics. Dans la même année, Charles IX a établi des commissaires pour réunir au *domaine* les îles des rivières de Seine, Loire, Dordogne, Garonne et autres.

L'édit d'avril 1668, a confirmé la possession de

-----

(1) *Si ager inundatione fluminis occupatus esset, sed eodem impetu fluminis recessu destitutus, ad pristinum dominum pertinet. Loi 30, ₰. 3, de acq. rer. dom.*

ceux qui jouissaient de ces sortes de terrains depuis plus de cent ans, à la charge de payer une redevance annuelle du vingtième du produit ; et il a ordonné que ces objets fussent réunis au *domaine*, toutes les fois que cette possession centénaire ne serait point justifiée.

Cet édit a reçu son exécution. Des commissaires ont été nommés pour faire l'estimation du revenu de ces îles.

Le 22 août 1675, un réglement du conseil a ordonné la recherche des usurpations des îles, îlots et attérissemens, bacs, etc., sur les rivières de Garonne, Dordogne, Charente, le Lot, le Tarn, le Rhône, la Saône, l'Isère, et autres rivières navigables.

Le 6 novembre 1675, des recherches semblables ont été ordonnées à l'égard des îles de la province de Bretagne.

Au mois d'avril 1683, une déclaration a confirmé dans leur jouissance ceux qui rapporteraient leurs titres de propriété authentiques et antérieurs à 1566, à la charge de payer le vingtième de leurs revenus ; et quant aux terrains sur lesquels cette possession ancienne ne serait pas justifiée, la réunion au *domaine* a été ordonnée.

Un édit du mois d'avril 1686, a pareillement exigé une redevance annuelle des possesseurs des îles dans les rivières du Languedoc.

Les détenteurs des îles et îlots, dans la Bretagne, y ont pareillement été assujétis par une déclaration du mois d'août 1689.

Les possesseurs de ces terrains ont multiplié les tentatives pour se soustraire à l'exécution de ces réglemens. Il se perpétuaient dans leurs jouissances indues, lorsqu'a paru l'édit de décembre

1693, qui a prononcé la confirmation des propriétés de cette nature en faveur de ceux qui rapporteraient des titres antérieurs à 1566; mais à la charge de payer une année du revenu, et une redevance annuelle de cinq sous par arpent. Ceux qui n'avaient pas de titres antérieurs à 1566, ont été maintenus en payant deux années de revenu, ou le dixième de la valeur et cinq sous par arpent.

L'édit du mois de mai 1694, sur les îles du Languedoc; la déclaration du 6 août 1694, sur celles de la Bretagne; l'arrêt du conseil du 9 novembre 1694, sur les îles de la Garonne, n'ont eu pour objet que l'exécution de ces lois.

L'arrêt du conseil, du 28 mai 1706, a confirmé ceux qui avaient payé une finance en exécution de l'édit de 1693, mais sous la condition qu'ils paieraient encore le tiers des sommes qu'ils avaient déjà payées.

Les possesseurs des îles et îlots sur le bord de la mer, ont été maintenus de nouveau, par l'édit de février 1710, dans leurs possessions, à la charge de payer une année de leur revenu, et une redevance de cinq sous par arpent.

Les réglemens qui ont été rendus, depuis cette époque, n'ont jamais regardé les détenteurs de ces biens que comme possesseurs d'un terrain *domanial* sujet à des taxes de temps à autre, pendant la continuation de leur jouissance, et dont la propriété devait, par sa nature, être un jour réunie à la masse du *domaine*.

ARTICLE IV.

Des attérissemens et des alluvions.

LES attérissemens sont les terrains que les eaux de la mer ou d'une rivière forment sur leurs bords ou au milieu de leurs lits, successivement et insensiblement, ou qu'elles y transportent tout-à-coup.

Ainsi, il y a deux sortes d'attérissemens; les uns formés rapidement par l'effet de l'impétuosité des eaux; les autres qui se forment successivement et insensiblement.

C'est aux premiers que s'appliquent toutes les lois domaniales, et en particulier celles de 1668, 1683 et 1693, qui en assurent la propriété au *domaine.* En effet, ces attérissemens étant formés au milieu des eaux, ils ne sont eux-mêmes qu'une partie du lit de la rivière, qui se découvre à mesure qu'elle se rétrécit, et qu'elle abandonne un côté pour s'étendre vers l'autre bord.

Il n'en est pas de même de la seconde espèce d'attérissement qui se forme sur le bord d'une rivière, insensiblement. On appelle *alluvion,* l'accroissement que reçoit un fond par les terres nouvelles que les eaux qui le baignent y apportent successivement et insensiblement. *Incrementum latens : per alluvionem, id videtur adjici quod ità paulatim adjicitur ut intelligi non possit quantùm quoquo temporis momento adjiciatur.* (Inst. de rer. div. num. 20.)

Voilà les caractères auxquels l'alluvion est reconnaissable : elle diffère autant de l'attérissement par ses effets que par sa nature : elle transporte aux propriétaires du fond les nouveaux terrains que les eaux laissent à découvert ; et ce principe est si ancien qu'il a été regardé, par le plus sage des peuples, comme appartenant au droit des gens. (1)

C'est donc par erreur que quelques auteurs ont prétendu que les alluvions, proprement dites, faisaient partie du *domaine*. La pureté des principes a été reconnue dans les temps les plus éclairés. Nous avons adopté dans notre droit les maximes établies par les lois romaines. La propriété des terres découvertes par l'alluvion s'unit et se consolide aux terres anciennes ; il semble que les unes et les autres n'aient jamais fait qu'un même héritage : le terrain nouveau est de même nature que l'ancien, il s'augmente et s'identifie avec lui ; il est possédé de la même manière, au même titre, avec les mêmes avantages et aux mêmes charges que la partie ancienne de l'héritage. Cette doctrine est établie dans le savant ouvrage de Dumoulin, avec sa clarté ordinaire. (2)

La jurisprudence a confirmé ces principes. On se rappelle encore la résistance que les habitans de la Guyenne opposèrent, en 1784, pour maintenir leurs propriétés sur les terrains qu'ils avaient acquis par les alluvions. On n'a point oublié le succès qu'ils ont obtenus avec le plus grand éclat.

-----

(1) *Quod per alluvionem agro tuo flumen adjecit jure gentium tibi acquiritur.* Ibid, n.° 20.

(2) *Incrementum latens alluvionis nobis acquiritur eo jure quo ager augmentatus primum ad nos pertinebat, nec istud incrementum, novus ager sed pars primi : et sic eâdem jure eâdem causâ et qualitate acquiritur et possidetur sicut ager cui adjectum est.* Tit. 1.er, s. 5 ; n.° 15.

Il y a cependant une circonstance dans laquelle l'alluvion n'augmenterait pas l'héritage ; c'est lorsque le terrain bordé par les eaux est possédé en vertu d'un titre qui en limite la propriété expressément à une certaine étendue, par exemple, à un certain nombre d'hectares. Le titre s'oppose alors à l'accroissement qui aurait été produit par l'alluvion, parce qu'on ne peut ni acquérir, ni posséder contre son titre. (1)

ARTICLE V.

Des chemins publics.

LES grands chemins offrent un nouvel exemple des choses qui ne sont pas susceptibles d'une propriété privée. Chacun en a l'usage ; la propriété n'en est à personne ; et la garde, comme la police suprême, en appartient à la puissance publique seule, comme conservatrice du bien général. C'est en ce sens qu'on attribue au *domaine* la propriété des grands chemins ; car cette propriété n'est qu'improprement dite, et n'emporte avec elle qu'une protection, et un droit d'inspection et de jurisdiction.

En se servant des expressions les plus exactes, on devrait dire que la propriété des routes, c'est-à-dire de leur sol, n'appartient pas à la nation elle-même comme *propriété territoriale*, parce qu'elle est incapable d'appartenir à personne. Mais le *domaine* et le droit éminent de la nation sur

____

(1) *In agris limitatis jus alluvionis locum non habere constat.* L. 16, ff. de acq. rer. dom.

les grandes routes, consistent non-seulement dans
le droit de les conserver et d'y maintenir la police, mais encore dans le privilége exclusif de recueillir tout ce qu'elles peuvent produire d'utile,
comme les arbres qui les bordent et leurs fruits,
les épaves, les trésors et les taxes nécessaires pour
leur entretien.

ARTICLE VI.

Des murs, remparts, fossés et contrescarpes des villes.

Les murs, les remparts, les fossés et les contrescarpes des villes, sont encore au rang des
choses publiques qui ne sont pas susceptibles d'une
propriété privée. Le droit de la puissance publique,
sur ces objets, a été reconnu dans tous les temps.
Le même intérêt général l'a consacré dans toutes
les nations.

Dans l'ancienne Rome, on ne pouvait disposer
des murs et des remparts des villes, ni les réparer,
sans le concours de l'autorité publique. (L. 3,
ne quid in loc. sacr. fiat.) Les droits du *domaine*
ne sont pas moins constans parmi nous. Des particuliers ne peuvent ni habiter ni posséder ces
terrains, sans une concession expresse; on n'en
reconnaît même plus les anciens propriétaires.
Leur droit de propriété s'est évanoui pour se convertir en une partie du *domaine* public. Mais si
l'intérêt majeur de la société a dû l'emporter sur
un droit particulier ; si l'intérêt d'un seul a dû
céder à l'intérêt de tous, le droit du citoyen dépouillé de sa propriété a dû être aussitôt rem-
placé par une indemnité sur le trésor public; in-

demnité

demnité qui n'a pas dû lui être refusée, parce qu'il n'était pas obligé de contribuer plus que les autres aux charges publiques et à la défense de l'état.

Ainsi, lorsqu'aux approches ou dans le cours d'une guerre, il est nécessaire qu'une ville soit mise en état de défense par de larges fossés ou par une construction de murs et de fortifications, afin d'arrêter les progrès d'une puissance ennemie, la conservation d'un droit particulier de propriété ne pourrait retarder des travaux aussi urgens, sans que la nation en souffrît un tort irréparable. La loi suprême de la nécessité se fait alors entendre seule ; le paiement de l'indemnité due pour le prix du terrain, dédommage le citoyen dépouillé, dont la propriété est affectée et demeure consacrée pour toujours à un intérêt privilégié.

Le droit de faire céder ainsi les propriétés particulières à l'intérêt public n'est pas douteux. Il faudrait oublier que si l'on se doit soi-même à sa patrie, on doit, avec plus d'empressement encore, lui faire le sacrifice d'une propriété dont l'indemnité est assurée par la loi. C'est un des principes fondamentaux du droit de la guerre, et qui contribue le plus efficacement à la conservation de la paix et à la défense des états. (1)

Cette maxime a été convertie en loi par les lettres de Charles VI, des 11 août et 10 novembre 1408.

Non-seulement la propriété privée disparaît par

---

(1) *In res singulorum majus est dominium regis ad bonum commune quàm dominium singulorum, sic reipublicæ quisque ad usus publicos magis obligatur quàm creditori.* Grotius de jure belli. Cap. 1, num. 6.

l'effet de cette destination du fonds, elle ne peut pas même revivre lorsque les fortifications sont démolies, ou lorsque les murs sont détruits. Ce terrain étant une fois devenu public, ne peut cesser de l'être. Celui qui y avait un droit de propriété ayant dû être indemnisé, n'a plus de titre pour le réclamer; la puissance publique en a donc acquis la propriété incommutable et irrévocable.

Combien de villes en France ont vu leurs fortifications s'élever à des époques qu'on ne peut plus fixer? D'autres ont été entourées de murs et de fossés dans les temps désastreux des guerres féodales, qui portaient par-tout la désolation et les ravages; d'autres remparts doivent leur construction à l'époque malheureuse des guerres civiles; comment reconnaître les anciens propriétaires, après qu'une longue suite de siècles a conservé ces objets importans sous la main du gouvernement pour l'intérêt général? Enfin, d'autres fortifications ont été établies dans des temps plus récens, à la charge du paiement des indemnités aux propriétaires.

Il n'y a donc plus aucune distinction à faire. Tous les murs, les fossés et les remparts des villes appartiennent au *domaine*.

L'espace qui est en-dedans des murs, jusqu'à concurrence de neuf pieds de largeur, fait partie des fortifications. (Arrêt du conseil, du 21 août 1696.)

TITRE II.

Des biens qui ne sont pas domaniaux par leur nature.

Le plus ancien *domaine* est celui qui s'est formé dès le commencement de la monarchie française lors de la conquête des Gaules , par le partage qui s'est fait des terres nouvellement conquises entre les premiers rois et les chefs des troupes qui les ont accompagnés. C'est à ce *domaine* ancien qu'appartiennent les villes, les provinces dont les rois ont joui au commencement de cette époque reculée, et en général toutes les grandes propriétés dont on ne peut reconnaître l'origine.

On appelle *domaine nouveau* les terres et les biens qui ont été réunis à *l'ancien domaine* à une époque connue.

Cette augmentation du *domaine* s'est faite de deux manières ; la première, par la réunion des grands fiefs à la *couronne* , dont ils tiraient leur origine. Ce retour des fiefs à leur principe a été une des principales sources de l'accroissement du *domaine ;* cette réunion s'est opérée , soit en vertu de la concession même des fiefs , soit par l'extinction des familles auxquelles les fiefs avaient été accordés , soit par le retrait féodal , la commise , la confiscation et l'aubaine.

Les successions, les patrimoines particuliers des princes qui sont montés sur le trône , les acquisitions qu'ils ont faites, et les conquêtes , sont les autres sources dont le *domaine* a tiré ses plus grands accroissemens.

De la réunion et de l'union des fiefs.

Il ne faut pas confondre la réunion et l'union des biens au *domaine.*

On entend par *réunion* le rapprochement et le retour d'un objet quelconque à la chose principale dont il faisait partie. Ainsi, c'est moins une augmentation réelle qu'une réintégration d'une partie démembrée à son principe; au lieu que l'*union* d'une chose à une autre produit une augmentation véritable. La réunion étant une fois opérée, la partie qui se réunit rentre dans sa situation ancienne et naturelle, qui est de n'avoir qu'un seul être avec le corps dont elle avait été détachée pour un temps.

Le retour des fiefs démembrés au *domaine* dont ils avaient été séparés, présente un exemple de cette réunion, qui n'est véritablement que la consolidation d'un long usufruit à la propriété.

Le fief réuni reprend entièrement les mêmes qualités qu'il avait avant l'inféodation. Dans le système féodal, il recouvrait son ancienne dignité et sa suprématie naturelle. (1) On verra dans la suite quelle sera l'application de cette définition, puisée dans la nature même des choses.

Dès le XIVe siècle, ces principes avaient été rappelés par l'ordonnance de Charles IV, du 5

---

(1) *Consolidatio fit ex naturâ, et ex necessitate causæ antiquæ et existentis, rei consolidatæ, et rei cui fit consolidatio, consolidatum censetur, et ipso jure efficitur ejusdem juris, qualitatis, et conditionis cum re cui consolidatur et unitur: non enim hoc casu dicitur nova acquisitio sed recuperatio, et reversio ad suam originem et ad primitivum statum.* Dumoulin, titre I, art. 43, Gl. 2, N.º 190.

avril 1321. (Ord. du Louvre , tit. 1 , p. 762.) On sentait déjà combien il était important de révoquer les aliénations du *domaine*. Cette ordonnance déclare qu'on doit regarder comme *domaine* , non seulement ce qui en faisait anciennement partie , mais encore ce qui avait été réuni par l'effet de la commise ou de la confiscation , ou même ce qui était au rang des *domaines* lors de l'aliénation ; elle ordonne aux détenteurs de ces biens de présenter leurs titres dans un délai fatal.

Regni autem domania intendimus , ne dum ea que ab antiquo sed que ex fore facturis commissis vel quibus vis causis aliis ob venerant , et alienationis translationis que tempore in domaniis ipsis erant.

L'*union* est bien différente dans sa cause, dans sa nature et dans une partie de ses effets. Tantôt elle se fait de plein droit, par une conquête, par un traité de paix, par une alliance ou par la confusion avec le *domaine* des revenus de certaines propriétés pendant un temps déterminé ; tantôt elle s'opère par des successions, tantôt elle se fait tacitement.

C'est dans l'édit de février 1566 que se trouvent fixés les principes sur lesquels on avait varié pendant plusieurs siècles ; le moment auquel l'union s'opère et se consomme y est déterminé.

ART. II. « Le domaine de notre couronne est » entendu celui qui est spécialement consacré, » uni et incorporé à notre dite couronne, ou qui » a été tenu et administré par nos receveurs et » officiers par l'espace de dix années, et est entré » en ligne de compte. » On retrouve la même définition dans l'édit d'avril 1667.

Ainsi , pour opérer l'union au *domaine*, soit

des biens qui avaient été acquis par les rois , soit de ceux qui leur appartenaient comme particuliers ou qui pouvaient leur avoir été donnés, il fallait ou une possession de *dix années*, ou une déclaration de la volonté du roi à l'instant auquel l'acquisition se faisait, soit à titre onéreux, soit à titre lucratif. Mais pendant cet intervalle, l'immeuble nouvellement acquis par le roi demeurait libre et pouvait être aliéné irrévocablement, sans aucune formalité , parce que l'union ne se consommait qu'à l'expiration des dix années.

Tous les biens et les *domaines* qui étaient acquis à titre de conquêtes , se réunissaient à l'instant et de plein droit au *domaine* de l'état.

Les moyens qui faisaient rentrer dans la main des seigneurs féodaux les fiefs placés dans leur mouvance, opéraient aussi la réunion au *domaine* de tous les fiefs qui relevaient immédiatement de la couronne ; tels étaient les effets de la commise, de la confiscation , du retrait féodal et de la déshérence.

Lé droit d'aubaine jusqu'à son abolition , prononcée par les lettres-patentes du 18 août 1790, augmentait aussi les domaines de l'état de tous les biens que laissaient en mourant, les aubains, décédés sans enfans nés en France.

Le décès sans postérité des princes apanagistes ou de leurs descendans, faisait rentrer dans la masse du *domaine*, les biens qui en avaient été distraits pour former leur apanage, quelques dispositions que les apanagistes eussent jugé à-propos d'en faire , pendant la durée de leur jouissance.

Tous les *domaines* que les rois eux-mêmes avaient pu acquérir ou posséder à titre particulier , de quelque manière que ce fût, étaient unis de plein droit au *domaine*, lorsqu'ils montaient sur le trône, et ils devenaient inaliénables après dix ans. La force de cette réunion était telle, qu'ils ne pouvaient en empêcher les effets : on n'a point perdu le souvenir de l'hommage éclatant que le roi Henri IV rendit aux principes à ce sujet, après la résistance persévérante que lui avait opposée le parlement de Paris, en refusant d'enregistrer les édits par lesquels il ordonnait l'aliénation d'une partie des domaines qu'il possédait avant son avénement à la couronne.

Enfin, toutes les possessions particulières des rois, quelle qu'en pût être l'origine, la cause ou le titre, se réunissaient de plein droit au *domaine* à l'instant de leur mort, et devenaient inaliénables, sans que l'intervalle de dix ans depuis leur réunion dans la main du prince fût nécessaire.

Aussi, dans tous les procès relatifs aux biens que les rois possédaient à titre particulier, leurs intérêts n'étaient-ils défendus que par le procureurgénéral, ou par le ministère public, parce qu'on les considérait comme liés essentiellement avec l'intérêt général de l'état auquel ces *domaines* particuliers devaient bientôt appartenir. (1)

On trouvera, à la fin de cet ouvrage, la table chronologique de la réunion de tous les grands fiefs, soit depuis 866, au domaine de la couronne;

---

(1) Louis XVI avait acquis la terre de Rambouillet, avec déclaration qu'il entendait ne point la réunir au domaine, mais qu'il voulait la posséder et en jouir comme un simple particulier. Dans un procès relatif à cette terre, le procureur du duc de Penthièvre au parlement de Paris se présenta pour y défendre les inrérêts de Louis XVI; mais l'avocat-général Sé-

soit depuis 1792, à celui de la République, avec les causes des réunions.

TITRE TROISIÈME.

De l'inaliénabilité du domaine.

Une foule de monumens historiques obligent de reconnaître que les principes de l'inaliénabilité du *domaine* étaient inconnus sous les deux premières races. Ils n'étaient pas même admis dans les premiers siècles de la troisième race ; c'était en *domaines* de l'état que les dots des reines et des filles de France étaient constituées, jusqu'au règne de Philippe-Auguste, en 1180.

Les premiers volumes du recueil des ordonnances du Louvre sont remplis de chartres particulières des rois, qui accordent à différentes villes et à plusieurs seigneuries le privilége de ne pouvoir être aliénées et distraites du *domaine*. (Ordonnance du Louvre, tom. I.) Quel aurait été l'objet de ces priviléges, si le *domaine* eût été regardé, à cette époque reculée, comme inaliénable ?

Jusqu'au XIIIe. siècle, on voit une foule d'aliénations du *domaine*, faites par les rois.

Philippe - le - Bel, qui monta sur le trône en 1286, disposa des *domaines* pendant tout le cours

---

guier imposa silence au procureur téméraire, et il exerça le droit qui lui appartenait exclusivement de défendre les intérêts des biens particuliers de Louis XVI, parce qu'ils étaient destinés à se confondre avec ceux de l'état, malgré toutes les dispositions insérées dans le contrat d'acquisition de Rambouillet.

de son règne. Les dons qu'il en avait faits étaient si multipliés, et ils parurent si excessifs, que Philippe-le-Long son fils en révoqua plusieurs par une ordonnance du 29 juillet 1318. (Ord. du Louvre, tom. I.) Il n'annulla cependant point ces concessions, comme faites contre les principes de l'inaliénabilité du *domaine ;* mais comme *ayant été désordonnément faites, menées et traitées.... et sur plusieurs grants malices et fraudes qui commises ont été, lesquelles pourront étre, si mestier est, déclairiées en lieu et temps ;* et il y ordonna, entr'autres, de saisir et exploiter en sa main tous les *domaines* aliénés à plusieurs familles, dont cette ordonnance nous a transmis les noms.

Philippe-le-Long a encore manifesté, par l'ordonnance du 16 novembre 1318, ses regrets sur la diminution des *domaines,* et il y a défendu qn'il en fût sollicité aucune donation, si ce n'était en la présence du grand conseil. (1)

Charles-le-Bel ordonna, (ord. du 5 avril 1321 ; ord. du Louvre, tom. I, p. 764) l'exécution de ce réglement, et il enjoignit à tous ceux qui possédaient des biens distraits du *domaine,* de produire leurs titres dans un délai de six mois, afin qu'ils fussent examinés dans la chambre des comptes.

---

(1) Que pour les dons outrageus qui ont été faits en arrières par nos prédécesseurs, li *domaine* dou royaume sont moult apétitié : nous qui désirons moult l'accroissement et le bon état de notre royaume et de nos subgies, nous entendons dores en avant garder de tèls dons au plus que nous pourrons bonnement, et défendons que nul ne nous ose faire supplication de faire dons à héritage, si ce n'est en la présence de notre grant conseil. (*Ordon. du Louvre, tom. I, p.* 670.)

« Mandamus vobis ... edici et publicé procla-
» mari, quod omnes et singuli qui de domaniis
» ipsis quidquam tenent, qualiter cumque tempo-
» ribus prædictis translatum in eos vel in illos à
» quibus causam habent, qui nundum suas exhi-
» buerunt litteras, infra instans festum beati Re-
» migii quod eis pro termino peremptorio assi-
» gnamus, et vos etiam ex parte nostrâ assignetis...
» Ut visis ipsis fiat ulterius quod videbitur expedire...
» Quod nisi citra dictum terminum exhibuerint;...
» ex tunc que sic tenent, nostris applicabimus do-
» maniis, absque eo quod super hoc amplius au-
» dientur. »

L'objet de cette ordonnance était seulement de rentrer dans la possession des *domaines* aliénés mal-à-propos, *malé alienata*, et de détruire l'effet des abus qui avaient été commis; mais elle ne prenait point sa source dans la maxime de leur inaliénabilité. 1.° Les chambres des comptes, en effet, devaient examiner les titres d'aliénation, et prononcer en conséquence; 2.° les donations faites aux églises y sont déclarées exemptes de la révocation.

Philippe de Valois a manifesté, par l'ordonnance du 2 octobre 1349, sa volonté de connaître les causes des aliénations qui avaient été faites des *domaines* en la ville et vicomté de Paris, et il a ordonné, par ce réglement, aux trésoriers à Paris de mettre sous sa main toutes les choses qui leur apparaîtraient avoir fait partie du *domaine* (Ord. du Louvre, tom. I, p. 315.)

C'est depuis cette époque que les principes de l'inaliénabilité du *domaine* ont commencé à faire des progrès sensibles.

On croyait encore cependant, dans le siècle suivant, que le *domaine* de la couronne pouvait être aliéné pour récompenser des services importans rendus à l'état.

Charles VII pensait que des services militaires rendus PAR DES ÉTRANGERS qui, sans autre engagement que celui de leur affection pour la France, et plutôt par zèle que par devoir, s'étaient consacrés volontairement à la défense de l'état, pouvaient être récompensés par une portion du *domaine*, et que c'était exercer à l'égard de ces braves guerriers, plutôt un acte de justice qu'une véritable libéralité.

Tels furent les motifs de la donation, qu'il fit, en 1422, à Jean Stuard, de la terre d'Aubigny, en récompense des secours qu'il en avait reçus contre les Anglais : tels furent ceux de la concession qu'il fit à Bérault Stuard de la terre de Concresault, pour en jouir jusqu'à ce qu'il lui eût été fourni un fonds de 20,000 liv. de rente.

Les mêmes raisons ont déterminé Louis XI, monté sur le trône en 1461, à donner les terres de Pleunot, Langeau, et Labergement, à Guillaume de Rochefort, en considération de ses services, et pour le dédommager du sacrifice qu'il lui avait fait, en abandonnant sa patrie, de ses biens situés en Franche-Comté.

C'est à cette opinion que se sont conformés les arrêts du parlement de Paris, qui ont confirmé dans leur propriété les descendans de ces militaires : on sait cependant que le zèle de ce tribunal pour le maintien des lois conservatrices des biens du *domaine*, n'a jamais éprouvé de variation. (D'Aguesseau, tom. VII, p. 489.)

Mais, dans le XVe. siècle, on n'osait pas décider si la même faveur ou les mêmes raisons de justice pouvaient s'appliquer aux services rendus à l'état PAR DES FRANÇAIS. Ces services, quelque grands qu'ils fussent, n'étaient, de la part d'un *français*, que la suite des engagemens de sa naissance; une dette, pour ainsi dire, dont il s'acquittait envers sa patrie, ne semblait pas devoir être récompensée aux dépens de l'état et sur le fonds même du *domaine*. Aussi, quoiqu'on ne pût jamais assez reconnaître les services de ceux qui, comme Pierre de Brézé, avaient été les principaux instrumens par lesquels la France avait été délivrée du joug des Anglais, Charles VII ne jugea pas cette considération suffisante pour assurer la donation qu'il voulait lui faire de la terre de Bréval; mais il crut que pour affermir cette grâce, il fallait y joindre un autre motif, tel que l'état de ruine et de destruction de la terre dont il lui faisait concession : telle était alors la doctrine dont les lettres-patentes de 1444, accordées à Pierre de Brézé, et contenant la concession de la terre de Bréval, nous ont conservé un monument précieux. (D'Aguesseau, tit. 7, p. 491.)

Bientôt les principes furent mieux connus, et leur empire s'étendit, malgré les efforts des seigneurs et des courtisans.

Le règne de François I.er vit l'inaliénabilité du *domaine*, non-seulement devenir une vérité incontestable; mais encore tendre à acquérir le caractère d'une loi fondamentale : le 30 mai 1539, (Compil. chronol. Blanchard, p. 523.) une déclaration ordonna qu'après le décès de ceux qui possédaient des terres du *domaine* de la couronne, en vertu des dons qui leur avaient été faits, elles demeurâssent réunies au *domaine* sans passer aux enfans des donataires ; et un mois après, le 3o juin 153g, une autre déclaration proclama que le *domaine de la couronne est inaliénable, imprescriptible, et en conséquence, que toutes les aliénations et usurpations faites sur icelui, par quelque temps que ce fut, même de cent ans et plus, sont sujettes à réunion.*

Il y avait déjà long-temps que les rois eux-mêmes avaient senti leur faiblesse à résister aux sollicitations de ceux qui les entouraient ; ils avaient voulu se donner de la force par le serment qu'ils faisaient à leur sacre de ne jamais laisser porter atteinte à l'intégrité des *domaines.* (1)

Vains sermens, suivis d'infractions multipliées ! Ils sont au moins autant de monumens qui attestent également, et la faiblesse des rois, et le respect qu'on portait aux principes, même en les violant.

Enfin L'Hopital, cet illustre chancelier de Charles IX, ouvrit une autre époque dans la législation française. L'édit de février 1566, qui n'a dû sans doute son existence qu'à la multitude des dilapidations du *domaine* et à la fermeté de L'Hopital, a fixé pour toujours le véritable caractère des biens du *domaine.*

Après avoir rappelé que l'obligation d'en conserver les biens est renfermée dans le serment que les rois font à leur sacre, cette loi établit d'abord le principe général qui décide toutes les questions sur la validité des dons et des aliénations des biens

---

(1) Serment de Charles V en 1364 : *Item superioritatem jura et nobilitates franciæ inviolabiliter custodiam, et illa nec transportabo, nec alienabo.* Cérémonial français, p. 197.

domaniaux. Elle donne ensuite une définition exacte de ce qui doit être regardé comme faisant véritablement partie du *domaine*.

L'art. 17 a déclaré que les terres *domaniales* ne se pourraient dorénavant aliéner pour inféodation à vie ; et afin qu'on ne pût faire dans la suite aucune distinction entre les terres dont le roi était en possession, et celles qui avaient été aliénées à la charge du retour à la couronne, le même article porte « qu'il en sera usé de pareille » façon ès terres sujettes à retour à notre couronne, » et ce sans préjudice des inféodations jà faites, » pour le regard desquelles enjoignons à nos pro» cureurs s'enquérir bien et diligemment de la » cause et forme, pour en faire telle poursuite » que de raison. »

Ainsi, le passé est abandonné à l'examen et à recherche de la partie publique ; mais l'ordonnance règle pour l'avenir ; et confondant toujours les terres sujettes à retour avec les autres *domaines* dont jouissait Charles IX, elle en défend absolument l'aliénation, même à titre d'inféodation à vie ou autrement.

Enfin, la volonté de la loi est si forte et si inviolable sur ce point, qu'il est défendu, par la même ordonnance, aux cours de parlement et aux chambres des comptes d'avoir aucun égard aux lettres-patentes contenant l'aliénation du *domaine*, à l'exception des cas réservés par l'article premier.

C'est de cette époque mémorable que sont parties toutes les lois postérieures qui ont ordonné la recherche et la révocation des *domaines* aliénés.

L'ordonnance de Blois, de mai 1579, en ce qui regarde le *domaine*, a été rédigée dans le même esprit que celle de 1566, puisqu'elle en ordonne l'exécution, art. 329, et quelle prononce la révocation de tous les dons faits par Henri III et ses prédécesseurs, sous la seule exception des apanages, et des assignats qui avaient été faits pour la dot et le douaire des reines, ou pour la dot des filles de France. Art. 330, 331, 332 et suivans.

Il est inutile de rappeler ce qui s'est passé sous le règne des successeurs de Henri III. Louis XIV a confirmé de nouveau ces maximes par la déclaration du 26 janvier 1651, et sur-tout en ordonnant, par l'édit d'avril 1667, *que les commissaires nommés pour la réunion des domaines, n'auraient aucun égard aux dons et concessions desdits* domaines, *pour quelque cause et prétexte qu'ils aient été faits*, et qui sont déclarés révoqués et annullés par cet édit, conformément aux anciennes ordonnances.

Toutes les lois rendues par Louis XIV ont été combinées par le même esprit ; elles sont toutes parties du même terme, et elles ont eu toutes le même objet et le même but, c'est-à-dire, de faire réunir au *domaine* tout ce qui en avait été séparé par des donations et par des aliénations.

Les mêmes principes se sont perpétués dans les lois domaniales publiées sous le règne de Louis XV ; les révocations ont toujours eu pour base les dispositions et l'époque de l'ordonnance de 1566.

Cependant, quoique les annales de la monarchie soient remplies, tant des réclamations des états-généraux, que des remontrances du parlement sur l'abus de l'aliénation des *domaines*, et sur la nécessité d'y rentrer pour augmenter les ressources de l'état : quoique les lois les plus positives aient été publiées et multipliées depuis plus de deux siècles, il n'y a eu (*Arrêt du conseil, du 14 janvier*

1781.) que très-peu de *domaines* réunis. L'arrêt du conseil du 14 janvier 1781, annonce avec douleur, dans son préambule, que, même depuis l'arrêt rendu en 1719, des aliénations continuelles ont diminué chaque jour des fonds devenus très-précieux. On y lit que l'ancien patrimoine de la couronne était tellement diminué par la libéralité des rois, par des concessions à vil prix, par des échanges désavantageux, et par des usurpations, qu'il ne subsistait que le plus modique revenu dans cette nature de biens.

C'est d'après ces motifs que l'arrêt du conseil du 14 juillet 1781 a ordonné la revente de tous les *domaines engagés.* Mais cette loi n'a pas eu un succès plus heureux que celles qui l'avaient précédée : les engagistes et les aliénataires se sont maintenus dans leur possession.

Necker lui-même a été obligé de convenir dans son discours, à l'ouverture des états-généraux, le 1.er mai 1789, qu'une partie des dispositions les plus sages avaient été contrariées dans l'origine, et que les *domaines* qui restaient alors entre les mains du roi ne se montaient qu'à une somme très-modique. Il a présenté cette matière comme un objet digne de la plus sérieuse attention des états-généraux. (Discours de Necker à l'ouverture des états-généraux.)

L'inexécution des lois anciennes, l'inflexibilité des principes, les dilapidations du *domaine*, les regrets annoncés par les rois eux-mêmes, et les aveux qu'ils ont faits de leur faiblesse à différentes époques ; enfin, la dénonciation solennelle de tous les abus à cet égard, faite aux états - généraux, tout appelait donc l'attention, la force et le zèle

de

de l'assemblée nationale sur cette matière important-
tante.

Les représentans de la nation se sont enfin prononcés : la pureté des principes a été rétablie ;
des formes sévères ont été adoptées ; mais c'est
toujours au même terme de 1566 que les assemblées nationales se sont arrêtées dans tous les temps.

Celle du premier décembre 1790 a rappelé les
maximes fondamentales de la matière du *domaine.* (1) Elle en définit la nature et les principales divisions ; elle fixe les conditions auxquelles
les *domaines* de la nation peuvent être aliénés ;
elle traite des échanges, des engagemens, des
dons à titre gratuit ou rémunératoire, et des baux
à rente ou à vie ; elle contient, enfin, des dispositions générales sur ces objets.

Les lois des 3 septembre 1792 et 10 frimaire

---

(1) Que le *domaine* public, dans son intégrité et avec ses
derniers accroissemens, appartient à la nation ; que cette propriété est la plus parfaite qu'on puisse concevoir, puisqu'il
n'existe aucune autorité supérieure qui puisse la modifier ou la
restreindre ; que la faculté d'aliéner, attribut essentiel de la
propriété, réside également dans la nation ; et que si dans des
circonstances particulières elle a voulu en suspendre pour un
temps l'exercice, comme cette loi suspensive n'a pu avoir que
la volonté générale pour base, elle est de plein droit abolie,
dès que la nation, légalement représentée, manifeste une volonté contraire.

Que toute concession, toute distraction du domaine public
est essentiellement nulle et révocable, si elle est faite sans le
concours de la nation ; qu'elle conserve sur les biens ainsi distraits la même autorité et les mêmes droits que sur ceux qui
sont restés dans ses mains ; que ce principe, qu'aucun laps de
temps ne peut affaiblir, dont aucune formalité ne peut éluder
l'effet, s'étend à tous les objets détachés du domaine national,
sans aucune exception. *Préamb. de la loi du 1.er décembre 1790;*
N.os 2 *et* 4.

Des Domaines engagés.   C

an II, ont eu pour objet d'assurer l'exécution la plus prompte de celle du premier décembre 1790; mais elles n'ont pas eu plus de succès : une loi du 22 frimaire an III en a suspendu l'exécution.

Enfin, toutes ces lois ont été refondues dans celle du 14 ventose an VII, qui s'arrête également à l'ordonnance de 1566, et dont les délais ont été prorogés de trois mois, par la loi du 16 pluviose an VIII. Plus la loi du 14 ventose an VII doit produire d'effets, plus la justice et la politique demandaient également que les révocations remontâssent à une époque dont chaque détenteur était instruit, et qu'il ne pouvait récuser.

DIVISION

DE LA LOI DU 14 VENTOSE AN VII.

La loi du 14 ventose an VII (1) se divise naturellement en neuf parties.

La première renferme les dispositions générales sur la confirmation ou sur la révocation des aliénations du *domaine* de l'état. Elle comprend les quatre premiers articles.

La seconde établit les exceptions aux révocations prononcées, et elle en définit les circonstances, l'application et les bornes dans les art. 7, 8, 9, 10, 11 et 12.

La troisième a pour objet de confirmer les détenteurs des biens dont la révocation est prononcée, dans leur possession, à la charge de remplir les conditions qui leur sont imposées par les art. 13 et 14.

La quatrième règle les formalités des déclarations à fournir, et de la nomination des experts qui doivent estimer les biens. C'est l'objet des art. 15, 16, 17 et 18.

La cinquième prescrit la manière dont il sera procédé à l'estimation. Art. 19.

La sixième fixe le mode du paiement à faire par les détenteurs, confirmés dans leur jouissance. Art. 20 et 21.

La septième établit les formes dans lesquelles il sera procédé à la vente des biens, dont les détenteurs n'auront pas fait les déclarations. Art. 22, 23, 24, 25, 26, 27, 28, 29.

____

(1) Voyez le texte de cette loi à la fin de l'ouvrage, à son ordre de date.

La huitième comprend le mode des paiemens à faire par les acquéreurs. Art. 30, 31, 32.

La neuvième annonce les objets sur lesquels il sera statué par d'autres lois. Art. 33. Elle est aussi relative à la législation ancienne sur le sort de laquelle il est prononcé, ou réservé de statuer.

PARTIE PREMIÈRE.

Dispositions générales sur la révocation ou sur la confirmation des aliénations du domaine.

ARTICLE PREMIER.

« LES aliénations du *domaine* de l'état, con-
» sommées dans l'ancien territoire de la France,
» avant la publication de l'édit de février 1566,
» sans clause de retour ni réserve de rachat, de-
» meurent confirmées.

On a vu ce qu'on devait comprendre au nombre des *domaines* de l'état. Mais écoutons la définition que nous en donne la loi elle-même. (Du premier décembre 1790.)

« Le *domaine national*, proprement dit, s'en-
» tend de toutes les propriétés foncières et de tous
» les droits réels ou mixtes qui appartiennent à la
» nation, soit qu'elle en ait la possession et la
» jouissance actuelles, soit qu'elle ait seulement
» le droit d'y rentrer par voie de rachat, droit de
» réversion ou autrement; les chemins publics, les
» rues et places des villes, les fleuves et rivières
» navigables, les rivages et relais de la mer, les
» les ports, les hâvres, les rades, etc., et en général
» toutes les portions du territoire national qui ne
» sont pas susceptibles d'une propriété privée,
» sont considérées comme des dépendances du
» *domaine* public. »

L'époque de l'ordonnance de février 1566 est la ligne de démarcation fixée pour reconnaître les domaines engagés qui doivent être révoqués, et ceux qui sont exceptés de la révocation générale.

Deux conditions sont exigées pour la confirmation des aliénations antérieures à 1566.

1.º Il faut qu'elles aient été entièrement consommées avant cette époque.

2.º Il faut qu'elles aient été faites *sans clause de retour ni réserve de rachat ;* autrement, la nation aurait toujours conservé son droit de propriété, et la faculté de l'exercer dans tous les temps, sans qu'on pût lui opposer la prescription la plus longue.

A R T I C L E I I.

« En ce qui concerne les pays réunis postérieu-
» rement à la publication de l'édit de février 1566,
» les aliénations des domaines faites avant les
» époques respectives des réunions, seront réglées
» suivant les lois lors en usage dans les pays réunis,
» ou suivant les traités de paix ou de réunion. »

Avant leur réunion, chacun de ces pays était gouverné par des lois particulières : ces lois ont dû régler le mode de la transmission des biens et des propriétés dans tout leur territoire, jusqu'au moment où, par leur incorporation à la France, ces pays en ont adopté toutes les lois sans distinction.

La disposition de cet article se trouvait déjà exprimée dans la loi du premier décembre 1790. Art. 37 (1).

----

(1) Les dispositions comprises au présent décret ne seront exécutées à l'égard des provinces réunies à la France postérieurement à l'ordonnance de 1566, qu'en ce qui concerne les alié-

C 3

La table *chronologique de la réunion des grands fiefs à la France*, indique l'époque de leurs différentes réunions ; elle fait connaître quels sont les traités de paix et de réunion à consulter. (1)

A R T I C L E   I I I.

« Toutes les aliénations du *domaine* de l'état,
» *contenant clause de retour ou reserve de rachat,*
» faites à quelque titre que ce soit, à quelques épo-
» ques qu'elles puissent remonter, et en quelque
» lieu de la République que les biens soient situés,
» sont et demeurent respectivement révoquées. »

Le titre même d'aliénation fait ici la loi du détenteur : il ne peut s'y soustraire ; nul ne peut ni prescrire ni réclamer contre son titre : à quelque époque reculée que sa possession puisse remonter, elle n'a jamais été que précaire : l'intervalle de plusieurs siècles ne peut ni couvrir ce vice, ni enlever à la nation le droit que le titre lui a toujours conservé, ni même laisser au détenteur aucun motif de se plaindre. Son titre a dû lui rappeler sans cesse qu'il jouissait d'un fonds dont la propriété ne lui appartenait pas ; la longueur de sa possession, loin de prouver de sa part aucun droit, ne fait, au contraire, qu'attester la négligence des officiers du *domaine*.

2.° A l'égard des aliénations dont le retour était soumis à des conditions, telles que les concessions faites, soit *à titre d'apanage*, soit jusqu'à la *défaillance de la descendance masculine*, l'édit de

---

nations faites depuis la date de leur réunion respective, les aliénations précédentes devant être réglées suivant les lois lors en usage dans ces provinces. (Loi du premier décembre 1790, art. 37.)

(1) Cette table est placée à la fin de cet ouvrage.

février 1566 avait ordonné, art. III, qu'elles fûssent réunies au *domaine*, le cas arrivant; mais il n'y a plus lieu de faire ces distinctions, et la révocation de toutes ces sortes d'aliénations est pleine et entière.

« 3.º La loi du premier décembre 1790 avait » déjà rétabli à cet égard les vrais principes, par » son art. 28. Les dons, concessions et transports, » à titre gratuit de biens et droits domaniaux faits » *avec clause de retour* à la couronne, *à quel-* » *qu'époque qu'ils puissent remonter, et tous ceux* » *d'une date postérieure à l'ordonnance de* 1566, » quand même la clause de retour y serait omise, » sont et demeurent révocables à perpétuité, même » avant l'expiration du terme auquel le retour à » la couronne aurait été fixé par le titre primitif. »

4.º Une foule de circonstances s'opposaient, en 1790, à l'application de ces maximes fondamentales : il y avait encore des princes apanagistes, des concessionnaires, des vassaux puissans ; l'assemblée constituante elle-même en renfermait dans son sein ; on comptait parmi ses membres les plus riches possesseurs des biens du *domaine*.

Tous ces obstacles s'étaient évanouis, lorsqu'a paru la loi du 3 septembre 1792, qui a mis en action les principes que l'assemblée constituante s'était contentée de proclamer. (1)

Ainsi s'est opérée de droit la réunion de tous ces biens à la masse du *domaine national* : la régie nationale a été chargée (art. 2) d'en pour-

______

(1) « Toutes les aliénations des domaines nationaux *déclarées* » *révocables par la loi du premier décembre* 1790, sur la législation » domaniale, autres que celles faites en vertu des décrets de » l'assemblée nationale, sont et demeurent révoquées par le pré- » sent décret. »

C 4

suivre l'effet. Les détenteurs ont été soumis à l'obligation d'en faire leurs déclarations et de remettre leurs titres (art. 3). La même révocation a été renouvelée par la loi du 10 frimaire an II, dont l'exécution n'a été que suspendue par celle du 22 frimaire an III.

Enfin, la loi du 14 ventose an VII a pris des mesures efficaces pour accélérer une réunion, qu'il est aussi intéressant pour les finances de mettre en activité.

5.º Il n'y a point à distinguer entre les pays qui composaient l'ancien *domaine*, et ceux qui ont été réunis, soit à la couronne depuis 1566, soit à la république elle-même : le titre de l'aliénation est celui de la condamnation du détenteur, c'est celui qui établit la propriété de la République.

ARTICLE IV.

« *Toutes autres aliénations*, même celles qui
» ne contiennent aucune clause de retour ou de
» rachat faites et consommées dans l'ancien ter-
» ritoire de la France, *postérieurement à l'édit*
» *de février* 1566, et dans les pays réunis *postérieu-*
» *rement aux époques de leur réunion*, sans au-
» torisation des assemblées nationales, sont et
» demeurent révoquées, ainsi que les sous-aliéna-
» tions qui peuvent les avoir suivies, *sauf les*
» *exceptions ci-après.* »

Toutes autres aliénations. C'est ici une grande mesure. C'est une disposition générale qui ne connaît d'exceptions que celles qui sont établies par la loi elle-même : depuis long-temps tous les moyens employés sans succès par le gouvernement en annonçaient la nécessité. Les besoins urgens de l'état la commandent : il faut des ressources promptes, efficaces, immenses ; il faut étaler aux yeux des nations étrangères (Rapport du citoyen Regnier aux anciens) un grand et vaste moyen , placé sous la main et à la disposition du gouvernement.

La loi doit donc recevoir dans son application toute la latitude qu'exige la pénurie des finances : son exécution ne doit pas plus connaître des bornes que souffrir des délais. Telle est la volonté que respirent les rapports faits aux deux conseils ; telle est la nécessité impérieuse des circonstances, manifestée par les décrets d'urgence et par le sens général des expressions de l'article premier.

Que faut-il penser de la foule de réclamations qui s'annoncent, et des plaintes amères des détenteurs qui vont être dépouillés des biens dont ils jouissaient ?

La loi n'a besoin ni d'apologie ni de défenseur : il n'est cependant pas inutile de démontrer la sagesse de ses dispositions : ce sera toujours donner quelque consolation à ceux dont les anciennes possessions seront réunies au *domaine*, que de porter dans leur esprit la conviction sur la justice et sur la nécessité de la loi qui les leur enléve.

I.

L'édit de février 1566 est l'époque à laquelle remonte la révocation des biens distraits de l'ancien *domaine*.

Il faut donc considérer les dispositions de cette ordonnance. L'article premier contient la maxime fondamentale de l'inaliénabilité du *domaine*.

« Le domaine de notre couronne ne peut être
» aliéné qu'en deux cas seulement ; l'un pour apa-
» nage des princes mâles de la maison de France,
» auquel cas il y a retour à notre couronne par
» leur décès sans mâles, en pareil cas et condition

» qu'était ledit *domaine* lors de la concession de
» l'apanage, nonobstant toute disposition, posses-
» sion, acte exprès ou taisible fait ou intervenu
» pendant l'apanage; l'autre, pour aliénation à
» deniers comptans pour la nécessité de la guerre,
» après lettres-patentes pour ce décernées et pu-
» bliées en nos parlemens, *auquel cas il y a fa-
» culté de rachat perpétuel.* »

Ainsi, dans le premier cas, après la mort de
l'apanagiste ou de ses enfans sans héritiers mâles,
les biens concédés en apanage ont dû retourner
au *domaine*, tels qu'ils étaient lors de la concession et avec leur pureté primitive; dans le second
cas, l'acquéreur a dû savoir, que, même après avoir
payé le prix entier d'un immeuble domanial, il
était exposé à en être dépossédé d'un moment à
l'autre par l'exercice de la faculté de rachat perpétuel.

Toutes les aliénations du *domaine* faites depuis
1566, se divisent donc nécessairement en deux
classes.

Ou elles ont été faites conformément à l'ordonnance, ou elles doivent leur existence à une
infraction de cette loi fondamentale. Il n'y a point
de milieu.

1.º S'agit-il d'aliénations faites légitimement et
conformément à l'ordonnance? L'acquéreur a connu,
dans tous les temps, le caractère de sa possession.
Sa qualité de possesseur précaire a dû être toujours présente à ses yeux, puisqu'elle résulte de
son propre titre : il n'a pas pu en transmettre une
autre à ses successeurs, à l'égard desquels le *domaine* a conservé tous ses droits écrits dans le
titre primitif.

Voilà le cas le plus favorable ; et l'autorité du

titre exclud toute juste réclamation de la part des détenteurs actuels.

2.° Est-il question d'aliénations faites malgré les dispositions de l'ordonnance de 1566? La possession de la part du détenteur est alors vicieuse sous tous les rapports ; ou elle provient d'un titre nul dans son principe, puisque les apanagistes et les engagistes n'avaient pas le pouvoir d'aliéner les fonds qui leur avaient été concédés ; ou elle ne doit son origine qu'à ces dilapidations dont l'histoire du *domaine* ne fournit que trop d'exemples , et qui auront échappé aux recherches ordonnées par les lois d'avril 1667 , mars 1695 , avril 1702, mai 1708 , août 1717, et par les réglemens sur les reventes des *domaines* , 14 juillet 1722, 13 mai 1724, 20 juin 1724, 26 février, 12 juin , 20 septembre 1725, 24 mars 1759, 7 mai 1777, 14 janvier 1781.

Or quelle faveur une infraction à la loi peut-elle mériter? Quelle prescription le détenteur actuel pourrait-il opposer avec succès, lorsqu'il est de principe qu'*aucun laps de temps , aucune fin de non - recevoir, excepté celle qui résulte de l'autorité de la chose jugée , ne peuvent couvrir l'irrégularité des aliénations faites sans le consentement de la nation.* (Loi du 1.er décembre 1790.) La longueur de la possession injuste n'est que la prolongation du préjudice fait à l'état , et de la spoliation des revenus du *domaine.*

Tout possesseur d'un bien émané du *domaine* depuis 1566, est nécessairement placé dans une de ces deux hypothèses. Dans toutes les deux, la nation a le droit incontestable de rentrer dans l'immeuble dont il jouit , soit par l'exercice de la faculté du rachat perpétuel, si l'aliénation a été faite à prix d'argent en vertu de l'ordonnance ;

soit même sans aucune indemnité , si l'aliénation révoquée est contraire à la loi.

Voilà les principes puisés dans les sources les plus pures , et présentés dans toute leur intégrité.

Mais quelle multitude innombrable de familles aurait vu prononcer sa ruine , si la loi n'avait pas un peu tempéré l'austérité de ces maximes , en même-temps qu'elle a voulu procurer au trésor public des ressources immenses ? La loi s'est appliquée à concilier ces deux grands intérêts , autant que les circonstances publiques le permettaient , par l'établissement des moyens dont on donnera le développement.

La loi n'aurait point atteint son but, si ses dispositions avaient été bornées à ce qu'on appelait autrefois les *grands domaines.* Les biens auxquels on donnait le nom de *petits domaines* , renferment des propriétés précieuses , quoique moins éclatantes. On retrouve dans leur nombre et pour ainsi dire en détail , les avantages que plusieurs des *grands domaines* présentent en masse. Toute distinction a été rejetée. (Rapport du C. Regnier aux anciens.) C'est à la chose et à la nécessité qu'on s'est attaché sans s'embarrasser des qualifications. (*Ibid.*) On a voulu chercher les ressources par-tout où elles étaient véritablement.

I I.

Quelles sont les aliénations dont la révocation
est prononcée ?

1.º Toutes les *ventes* faites par les *apanagistes ;* toutes les *concessions* , les *donations* , les *inféodations* , les *distractions* qu'ils auraient pu faire des biens du *domaine.* (1)

______

(1) L'article 33 de la loi du 14 ventose an VII, annonce

Il n'existe plus aujourd'hui d'apanages : toutes les terres qui avaient été données en apanage ont été réunies au *domaine*, et elles ont dû s'y réunir avec leur pureté primitive et dans leur intégrité première.

Toutes les aliénations faites par les apanagistes des biens dépendans de leur apanage, sont donc nulles dans leur principe, parce qu'en les faisant, les apanagistes ont disposé de ce qui ne leur appartenait pas. Un apanagiste, en effet, n'avait que la jouissance des biens de l'apanage; il n'en était qu'usufruitier; il ne pouvait couper des bois futaie que pour l'entretien des bâtimens de l'apanage, (Traité du Domaine, tit. III, p. 451.) et en vertu de lettres-patentes : les baux de terres de ses domaines finissaient avec la durée de l'apanage. (*Ibid.*, p. 438.)

L'apanagiste était donc dans l'impuissance perpétuelle d'aliéner; et la plus longue jouissance de la part d'un acquéreur serait incapable de légitimer une possession dont le titre aurait été contraire à la loi.

2.° *Tous les dons et toutes les concessions faites à titre gratuit.* L'ordonnance de 1566 les a sévèrement prohibées, et le détenteur ne peut faire valoir ni titre ni moyen pour réclamer une indemnité, encore moins pour en conserver la propriété; (Loi du 1.er décembre 1790, art. 14 et 28.) c'est sur-tout dans ces actes, sollicités par

---

qu'il sera statué, par une loi particulière, sur les concessions faites à vie, sur les baux emphithéotiques, sur les baux à cens et à rentes; mais cette loi s'appliquera-t-elle aux dispositions de cette nature, faites par les apanagistes ? C'est ce qui est incertain. Si elle n'établit pas d'exception à leur égard, elles seront nécessairement comprises dans la révocation générale.

l'intrigue , souvent arrachés par l'importunité , toujours accordés exclusivement à la faveur , qu'on retrouve évidemment les preuves de la déprédation du patrimoine de l'état , contre laquelle les lois se sont élevées avec tant de force ; actes pour la plupart aussi mensongers dans leur cause que dans l'énonciation de la valeur et de l'étendue des bienfaits. A peine compte-t-on quelques concessions dont le désir de récompenser des services importans rendus à l'état ait été la véritable cause ; les autres portent en elles-mêmes le titre de leur proscription.

3.º *Les inféodations , et par une conséquence nécessaire , les sous-inféodations , à quelque degré que les mouvances soient descendues dans la hiérarchie féodale.*

Quels sont, en effet, les caractères propres et distinctifs de l'inféodation ? Dumoulin , le plus célèbre des jurisconsultes, la définit une *concession libérale , libre et perpétuelle d'un immeuble* ou d'un objet équivalent , *avec le transport du domaine utile ,* dont on retient la propriété éminente , sous la réserve de la foi et de la prestation des services *féodaux.* (1)

C'est donc une aliénation d'un bien dont il ne restait dans les mains du seigneur dominant qu'une propriété honorifique, tandis que la propriété utile passait entre les mains du vassal : c'est une disposition qui aliénait tous les fruits et tous les avantages de la propriété territoriale ; le vassal ne possédait

____

(1) *Feudum est benevola , libera et perpetua concessio rei immobilis , vel æquipollentis cum translatione domanii , proprietate retentâ , sub fidelitate et exhibitione servitiorum.* Mol., tit. I, des fiefs , N.º 114.

point à titre précaire, il était propriétaire à perpétuité. Ces principes n'ont jamais éprouvé de contradiction.

Il ne suffisait donc pas d'avoir soi - même la propriété incommutable pour pouvoir inféoder ; il fallait encore pouvoir en disposer ; il fallait pouvoir la transmettre et l'aliéner à perpétuité. Quoi donc de plus incompatible avec l'inaliénabilité du *domaine ?* Ce vice radical, inhérent à la nature et à l'essence de la première inféodation d'un bien domanial, depuis 1566, ne peut pas en infecter le titre, sans frapper également de nullité toutes les sous-inféodations qui ont été les émanations et la suite de la première concession.

Or, comment les inféodations des biens du *domaine* auraient-elles été permises, dans un temps où les lois ne s'occupaient que de réprimer les aliénations qui le diminuaient sans cesse ?

L'ordonnance de 1566, en tolérant jusqu'à un certain point, et en confirmant avec des précautions confiées au zèle du ministère public, les inféodations qui avaient été faites jusqu'à cette époque, les a rigoureusement interdites pour l'avenir. Art. 17 : « Les terres domaniales ne se pour-
» ront, y est-il dit, dorénavant aliéner par inféo-
» dation à vie, à long temps, à perpétuité, ou
» condition, quelle que ce soit ; ains se bailleront
» à ferme à notre profit.... et de pareille façon
» sera usé es terres sujettes à retour à notre cou-
» ronne, et ce sans préjudice des inféodations jà
» faites. »

Ce n'est pas que dans un temps postérieur Louis XIV n'ait autorisé la vente d'une portion des *domaines* de l'état par la voie de l'inféodation : la déclaration du 8 avril 1672, les lettres-patentes du

3 mai 1687, et d'autres réglemens ont multiplié ces abus. Mais la volonté particulière de Louis XIV était incapable de détruire l'effet d'une loi fondamentale de la France ; quelqu'accoutumé qu'il fût à voir tout plier sous son autorité, il a été forcé de se soumettre lui-même à la force de l'ordonnance de 1566, en prononçant la révocation de ces inféodations par les édits d'octobre 1691, mars 1695, 5 janvier 1712, et par un grand nombre de réglemens particuliers ; il les a soumis à des taxes ; il en a ordonné la revente, et il a concouru lui-même ainsi à rendre les principes plus certains, en réparant les infractions qu'il s'était permises.

La sévérité des principes sur ces sortes d'inféodations, a été maintenue par la loi du premier décembre 1790, et leur révocation a été formellement prononcée par la loi du 5 septembre 1792, art. 14 et 28.

4.° Toutes les *ventes et aliénations faites à prix d'argent* par les rois ou par les officiers du *domaine.*

L'ordonnance de 1566 avait établi en principe que les terres du *domaine* ne pouvaient être aliénées à prix d'argent, art. I.er, *que pour la nécessité de la guerre, et sous la faculté d'un rachat perpétuel.*

Les dépenses de la cour et le besoin des finances publiques ont souvent obligé d'entamer cette ressource précieuse. Croirait-on que la vente d'une portion des *domaines* a été ordonnée dès le mois de mai 1566, par Charles IX lui-même, jusqu'à concurrence de 30,000 liv. de rente ? Par un autre édit du mois d'avril 1574, Henri III, son successeur, a pareillement ordonné la vente des biens

du

du *domaine* : mais parmi les différens réglemens
rendus à cet égard, il est intéressant de remarquer
que les lettres-patentes du 15 juin 1578, l'édit de
décembre 1585, les lettres-patentes de mars 1586,
et l'édit de mars 1587, contiennent tous l'énonciation de la réserve du *rachat perpétuel.*

Henri IV, Louis XIII et Louis XIV ont suivi
les mêmes exemples. Ils ont tous ordonné la vente
des portions du *domaine;* mais ils y ont expressément imposé la condition du *rachat perpetuel,*
par les édits de décembre 1599, novembre 1637,
décembre 1638, janvier 1648, décembre 1654 ;
par la déclaration du 20 août 1657, en 1669, et
même encore à d'autres époques.

Cette faculté de rachat a été exercée, et la mise
en vente des mêmes domaines a été ordonnée par
un trop grand nombre de réglemens, pour qu'on
puisse les rapporter ici. Il suffit de citer ceux des
12 octobre 1601, mars 1619, 30 novembre 1635,
avril 1645, 28 janvier 1651, décembre 1652, décembre 1654, novembre 1658, avril 1667, mars
1695, 5 janvier 1712. Les nouveaux acquéreurs
ont dû savoir qu'ils ne pouvaient pas posséder à
un titre de propriété plus incommutable que ceux
qui les avaient précédés; et si quelques réglemens,
tels que ceux de septembre 1591, 8 avril 1672,
1.er septembre 1674, 29 décembre 1682, 23 juillet
1686, (Voyez le Dictionnaire du Domaine, mot
domaine.) et quelques autres ont annoncé que
les ventes seraient faites à perpétuité, et que les
acquéreurs jouiraient des *domaines* à titre de *propriété incommutable;* ces expressions n'avaient
d'autre but que d'attirer les acquéreurs, et d'augmenter la chaleur des enchères sans pouvoir leur
transmettre plus de droit, et sans pouvoir en

imposer à ceux qni étaient instruits des vrais principes.

Les mêmes maximes ont été reconnues par les lois les plus récentes, publiées dans les dernières années de la monarchie.

L'arrêt du conseil du 7 mars 1777, a proclamé la liberté indéfinie à toutes personnes de provoquer la revente des *domaines* : il a établi des mesures capables de prévenir les abus qui s'étaient glissés jusques dans les reventes, et qui avaient arrêté tous les avantages que le gouvernement en devait espérer.

On n'a pas obtenu plus de succés par cette permission générale de provoquer la revente et l'adjudication des *domaines*. (Arrêt du conseil , du 14 janvier 1781.) Ces opérations n'ont été suivies que par un petit nombre de spéculateurs, qui se sont bornés à solliciter la revente des *domaines* de peu de valeur qui étaient possédés, pour la plupart, par des personnes vivant au fonds des départemens sans relation et sans appui. Plus souvent encore on a vu ces spéculateurs pratiquer avec les engagistes une collusion coupable , ou les engagistes eux-mêmes se rendre adjudicataires sous un nom interposé, dont les obligations n'étaient jamais remplies.

Il n'était donc résulté de tous ces réglemens que des opérations éparses et de faibles reventes qui ne procuraient au trésor public aucun avantage réel.

Ces motifs ont déterminé l'arrêt du conseil , du 14 janvier 1781, qui s'est contenté d'exiger de tous les détenteurs des biens du *domaine* une redevance annuelle ; mais tout l'effet de la soumission des engagistes au paiement de cette redevance , était limité à les maintenir dans leur possession pendant la durée du règne de Louis XVI. L'impuissance de leur accorder une confirmation plus longue y est exprimée dans les termes les plus énergiques. (1)

Enfin, d'autres mesures ont été prises par un arrêt du conseil, du 23 mai 1784, pour rentrer dans les *domaines* de la généralité de Champagne qui avaient été aliénés *avec faculté de rachat perpétuel.*

C'est ainsi que se préparait depuis long-temps le retour général aux principes de l'inaliénabilité du *domaine*, dont l'exécution dans toute leur étendue était réservée à la force d'une assemblée nationale.

Dans quelques formes que toutes les aliénations aient été faites, on doit donc toujours les considérer, avec la loi du 1.er décembre 1790, comme des distractions du *domaine* public, essentiellement nulles et révocables, dès qu'elles ont été faites sans le concours de la nation. La puissance publique a conservé, sur les biens ainsi distraits, les mêmes droits et la même autorité que sur ceux qui sont restés dans ses mains : *principe qu'aucun temps n'a pu anéantir, et dont aucune formalité ne peut éluder les effets.*

---

(1) « Sa majesté bornant elle-même à ce terme les confirma-
» tions qu'elle sera dans le cas d'accorder, afin de ne permettre
» que ce qu'elle peut maintenir, et afin que les principes d'équité
» qu'elle adopte ne portent aucune atteinte aux droits du domaine
» de la couronne, dans quelque exception et dans quelque ri-
» gueur qu'on les envisage ; le roi ayant à cœur que ce dépôt
» précieux, remis entre ses mains, soit transmis à ses successeurs
» dans toute son intégrité. » (Arrêt du conseil, du 14 janvier
1781 ; préambule.)

5.º *Tous les engagemens des terres du domaine.*

On sait qu'un engagement est un contrat par lequel des biens sont donnés, moyennant une finance ou d'autres conditions, pour en jouir jusqu'au remboursement, et sous la faculté du rachat perpétuel. La faculté de rachat est imprescriptible; c'est une des conditions du titre, et qui ne peut jamais en être séparée. L'engagiste n'est, par sa nature, qu'un débiteur précaire ; il ne pouvait ni abattre les futaies de son autorité privée, ni prétendre la mouvance des terres titrées, ni saisir féodalement les fiefs dépendans du domaine engagé, ni exercer le retrait féodal. Les bornes dans lesquelles la jouissance des engagistes se trouvait perpétuellement renfermée, les avertissaient qu'ils pouvaient être dépossédés à chaque instant. Ainsi le moment auquel la puissance publique exerce cette action, ne présente que l'usage d'un droit certain et l'exécution d'un contrat synallagmatique.

Les dispositions que les engagistes se seraient permis de faire du domaine engagé, sont radicalement nulles ; comment auraient-ils pu transporter à un autre plus de droit qu'ils n'en avaient eux-mêmes ? Le caractère même de leur possession leur interdisait toute aliénation; et si quelque personne s'est permis de traiter avec eux, elle a dû connaître le danger auquel elle s'exposait.

Comme les engagistes ont payé une finance pour entrer en possession des *domaines*, il est juste qu'ils ne puissent être dépossédés sans avoir préalablement reçu, ou été mis en demeure de recevoir leur finance principale avec ses accessoires. (Loi du 1.er décembre 1790, art. XXV.) Mais quelqu'ait pu être la cause de l'engagement, l'intérêt de l'état et de la justice exigent également qu'on ne fasse entrer dans la liquidation de la somme à restituer à l'engagiste, que les deniers comptans réellement versés au trésor public ; toute autre somme dont il aurait été fait remise ou compensation, lors du contrat d'engagement, à titre de don, gratification, acquit patent ou autrement, est entièrement rejetée.

Telle était la disposition de l'édit d'avril 1667, pour la réunion des domaines ; elle a été renouvelée par la loi du 1.er déc. 1790, art. XXVI. (1)

Les baux emphythéotiques, les baux à cens ou à rente, les concessions de terrain dans les Indes, sont également des aliénations du *domaine*, auxquelles l'art. IV de la loi du 14 ventose an VII s'appliquerait, si l'art. XXXIII n'avait pas différé de statuer sur ces objets.

Il en est de même des *îles, îlots*, des attérissemens formés dans le sein des fleuves, et des rivières navigables, des *alluvions* qui y sont relatives, et des *relais de la mer.*

Les domaines échangés.

Cette matière sera traitée dans l'article suivant.

---

(1) En procédant à la liquidation de la finance des engagistes, les dons, gratifications, pensions, gages, appointemens, arrérages d'iceux, et toutes autres finances, de quelque qualité qu'elles puissent être, en seront rejetées ; et n'entreront en liquidation que les deniers comptans que les engagistes justifieront avoir actuellement payés dans nos coffres, en quelques termes et pour quelques causes que les quittances soient conçues.

Sera loisible de faire preuve que la finance portée par icelles n'aura pas été actuellement payée en nos coffres, et qu'il aura été employé dans lesdites quittances des remises, dons, arrérages de pensions, gages appointemens, récompenses, appointemens acquits-patens, et autres mauvaises finances. (Edit d'avril 1667.)

PARTIE SECONDE.

Exceptions aux révocations prononcées.

ARTICLE V.

SONT exceptés des dispositions de l'art. IV,

« 1.º Les échanges consommés légalement et
» sans fraude, avant le 1.ᵉʳ janvier 1789, pour les
» pays, qui, à cette époque, faisaient partie de la
» France ; et avant les époques respectives des
» réunions, quant aux pays réunis postérieure-
» ment audit jour 1.ᵉʳ janvier 1789.

» 2.º Les aliénations qui ont été spécialement
» confirmées par des décrets particuliers des as-
» semblées nationales, non abrogés ou rapportés
» postérieurement.

» 3.º Les inféodations et accensemens de terres
» vaines et vagues, landes, bruyères, palus et ma-
» rais non situés dans les forêts, ou à sept cent
» quinze mètres d'icelles (cent perches environ),
» pourvu que les inféodations et accensemens
» aient été faits sans fraude et dans les formes
» prescrites par les réglemens en usage au jour
» de leur date, et que les fonds aient été mis et
» soient actuellement en valeur, suivant que le
» comportent la nature du sol et la culture en
» usage dans la contrée.

» 4.º Les aliénations et sous-aliénations ayant
» date certaine avant le 14 juillet 1789, faites avec
» ou sans deniers d'entrée, de terrains épars quel-
» conques, au-dessous de la contenance de cinq
» hectares, pourvu que lesdites parcelles éparses

» de terrain ne comprissent, lors des concessions
» primitives, ni des maisons appelées châteaux,
» moulins, fabriques ou autres usines, à moins
» qu'il n'y eût condition de les démolir, et que
» cette condition ait été remplie ; ni dans les villes,
» des habitations actuellement comprises aux rôles
» de la contribution foncière, au-dessus de 40 fr.
» de principal.

» 5.° Les inféodations, sous-inféodations et ac-
» censemens de terrains dépendans des fossés,
» murs et remparts des villes, justifiés par des
» titres valables, ou par arrêt du conseil, ou par
» une possession paisible et publique de quarante
» ans, pourvu qu'il y ait été fait *des établissemens*
» *quelconques*, ou qu'ils aient été mis en valeur. »

SECTION PREMIÈRE.

Les échanges.

Suivant les principes ordinaires, un échange
ne produit qu'un changement de la chose qu'on
possède contre une autre semblable. *Mutatio do-
minii, mutatio rei pro re.* Comme le vendeur
reçoit en deniers, dans un contrat de vente, le
prix de la chose vendue ; de même, dans l'échange,
il en reçoit le prix en un autre héritage de la
même valeur ; ou plutôt, la condition des contractans y étant égale, on ne peut (Domat, lois civiles, liv. I, tit. III.) y faire la distinction du vendeur et de l'acheteur, de la marchandise et de son
prix.

L'aliénation et l'acquisition s'y compensent naturellement; la condition des contractans est, après l'échange, ce qu'elle était auparavant. Cette égalité parfaite, qui doit être la base de l'échange, conserve les droits des parties avec une telle intégrité, qu'il semble que les lois n'auraient pas dû réprouver cette manière de disposer des biens du *domaine*, si des fraudes sans nombre ne s'y étaient pas glissées. Aussi les échanges en eux-mêmes ne sont pas regardés comme des aliénations prohibées, lorsque le *domaine* a reçu réellement des biens d'une valeur égale à ceux qui sont cédés en échange, et lorsque les formalités ordinaires ont été remplies. Mais combien ces exemples sont rares!

Où les abus et les efforts de la cupidité ne pénètrent-ils pas? Les échanges contenant nécessairement deux ventes réciproques, sont devenus d'autant plus susceptibles de lésion, qu'il est plus facile d'y cacher la fraude sous le voile de la justice, de l'intérêt commun et de la bonne foi. Or, combien de fois n'a-t-on pas vu colorer du nom d'échange les contrats les plus onéreux à l'état, et que la faveur seule avait obtenus? C'est par cette raison que les ordonnances du *domaine* les ont placés au nombre des aliénations prohibées.

. Les abus étaient déjà multipliés, lorsque Philippe-le-Long rendit l'ordonnance du 5 avril 1321, portant que les fiefs fermes donnés en échange seront réunis au *domaine, comme ils y étaient au temps de l'échange*, sauf toutes fois ce qui sera loyaument échangé.

Le chancelier l'Hôpital crut sans doute avoir suffisamment arrêté toutes les fraudes des échanges, en défendant, par l'ordonnance de 1566, toute aliénation du *domaine*, si ce n'est en deux circonstances : mais les progrès du mal ne furent pas long-temps suspendus. L'état en souffrait un tel préjudice, que, pendant la minorité de Louis XIV, les députés des cours supérieures à Paris furent obligés de faire, en 1648, des plaintes sur les échanges frauduleux et abusifs par lesquels on éludait sans cesse l'exécution des ordonnances du *domaine*. (Traité du Dom., pag. 511, liv. III.)

Les remontrances furent écoutées, mais elles ne furent point suivies; et il s'est fait, depuis cette époque, une foule d'échanges qui en méritent moins le nom qu'ils ne doivent être appelés des concessions ou plutôt de véritables dilapidations du *domaine*.

Louis XIV essaya de réprimer ces désordres par l'édit d'avril 1667, dans lequel il rappela le droit qui appartient à l'état de rentrer dans les *domaines* échangés, lorsqu'il aura souffert une lésion énorme, ou lorsque l'évaluation des *domaines* aura été faite sans les formalités requises, par fraude, fiction, et contre les lois des *domaines*. Il y est dit « que tous les propriétaires par échange, » seront tenus d'en rapporter les titres avec les » enquêtes, procédures et procès-verbaux d'éva- » luation, pour en être fait, si besoin est, une » nouvelle des choses échangées de part et d'autre, » eu égard au temps que les échanges auront été » faits. »

Mais Louis XIV, avec toute sa puissance, ne put se garantir de l'avidité de ceux qui l'environnaient. De nouveaux échanges diminuèrent encore le *domaine;* il s'y commit des fraudes si révoltantes, que les lettres-patentes qui ordonnaient ces échanges, donnèrent lieu aux arrêtés du parlement de Paris, des 9 juillet 1701, 20 avril 1705, et 11 janvier 1706. (Traité du Domaine, pag. 503, tom. III.)

Ce parlement crut enfin ne pouvoir se dispenser
de représenter à Louis XIV « qu'il avait fait ser-
» ment à son sacre de ne point aliéner le *domaine*,
» et que les échanges qui peuvent être favorables
» lorsque l'état acquiert des terres plus nobles
» dont la situation peut donner retraite à des re-
» belles, ou entrée aux ennemis de l'état, ou lors-
» que la condition du *domaine* devient meilleure
» ou au moins égale, sont contraires aux lois de
» la France, lorsque cette égalité ne s'y trouve
» pas. »

On pouvait dès-lors prévoir le sort qui atteindrait un jour, par l'application de l'édit d'avril
1667, les échanges qui avaient excité ces réclamations.

Quelques années après, l'édit d'octobre 1711,
et la déclaration du 13 août 1712, établirent pour
les évaluations, des formalités sévères, à l'aide desquelles on se flatta de prévenir les dangers de la
fraude dans les échanges. Il fut ordonné : « 1.° Qu'il
» n'y serait procédé que par des commissaires nom-
» més par lettres-patentes expédiées à cet effet.
» 2.° Que tous les procès-verbaux rédigés par ces
» commissaires seraient rapportés au conseil d'é-
» tat pour y être examinés, et revêtus ensuite,
» s'ils devaient être confirmés, de lettres-patentes
» enregistrées dans les chambres des comptes.
» 3.° Enfin, que dans le cas où les commissaires
» seraient choisis parmi les officiers d'une des
» chambres des comptes, les procédures pendant
» le cours des évaluations seraient faites à la re-
» quête du procureur-général, qui sera nommé
» dans la commission, et pourra assister à toute
» l'instruction, afin d'y requérir tout ce qui con-
» viendra au service de l'état. »

Quelques sages que fussent ces dispositions, l'artifice et l'adresse de ceux qui désiraient obtenir des échanges, l'emportèrent encore sur toutes ces précautions.

Il ne faut pas cependant appeler frauduleux, sans distinction, tous les échanges qui ont été faits avec le *domaine*. Ceux dans lesquels une valeur entièrement égale de chaque côté a été cédée, doivent être respectés.

Mais comment reconnaître, dans un contrat de ce genre, les caractéres qui doivent le faire confirmer ou déterminer à le proscrire? On les trouve dans la loi du 1.er décembre 1790 :

« 1.º Quant aux échanges non consommés, ou » qui ne l'ont été que depuis la convocation de » l'assemblée nationale, ils doivent être examinés » pour être confirmés ou annullés par un décret » formel. (Loi du 1.er décemb. 1790, art. XVIII,)

» 2.º Les échanges ne sont censés consommés » que par l'accomplissement entier de toutes les » formalités prescrites par l'édit de 1711, et par » l'enregistrement de lettres nécessaires pour leur » donner le dernier complément. (*Ibid.* 19.) »

Cette disposition est de rigueur absolue; elle est pareillement exigée par l'art. VI de la loi du 14 ventose an VII, en conformité de la loi du 1.er décembre 1790.

« Les échanges ne seront censés consommés lé- » galement, dans les pays formant la France au » 1.er janvier 1789, qu'autant que toutes les forma- » lités rappelées audit article auront été exécutées » en entier; et en ce qui concerne les pays réu- » nis, qu'autant qu'on y aura observé les lois qui » y étaient en vigueur. »

Les formalités nécessaires pour assurer la validité des échanges avec le *domaine*, ont été établies par l'édit d'octobre 1711, dont la déclaration du 13 août 1712 a ordonné l'exécution. Elles sont toutes de rigueur (1), et l'omission d'une seule de ces conditions emporte la nullité de l'échange.

1.º Commissaires nommés et députés par lettres-

---

(1) Edit d'octobre 1711 :

« Art. I.ᵉʳ Ordonnons qu'à l'avenir, lorsqu'il s'agira de faire
» l'estimation et l'aliénation d'aucuns de nos *domaines*, même de
» ceux qui seront échangés contre des terres et seigneuries de nos
» sujets, il y soit procédé par les commissaires qui seront nom-
» més et députés par lettres-patentes que nous ferons expédier à
» cet effet.

» II. Abrogeons l'usage qui s'est pratiqué en plusieurs occa-
» sions, de faire faire des évaluations par des commissaires par-
» ticuliers de notre conseil, et pareillement celui que nos cham-
» bres des comptes avaient introduit, de nommer er de choisir,
» de leur autorité, des commissaires pour faire de nouvelles
» évaluations des mêmes *domaines*; ce que nous leur avons ex-
» pressément défendu et défendons par ces présentes.

» III. Voulons que tous les procès-verbaux d'évaluation qui
» seront dressés par nos commissaires, soient rapportés en notre
» conseil pour y être examinés, et en être par nous ordonné ainsi
» qu'il appartiendra; et en cas que nous jugions à-propos de les
» confirmer, nous en ferons expédier nos lettres-patentes, que
» nous ferons ensuite registrer en nos chambres des comptes, pour
» être exécutées selon leur forme et teneur.

» IV. Voulons aussi et ordonnons que lorsque les commissaires
» qui seront par nous députés pour faire lesdites évaluations, se-
» ront choisis et nommés d'entre les officiers de quelqu'une de
» nos chambres des comptes, les procédures soient faites pen-
» dant le cours des évaluations, à la requête de notre procureur-
» général en ladite chambre, et qu'à cet effet il soit nommé dans
» la commission, et puisse assister à toute l'instruction qui sera
» faite en conséquence, pour y requérir, conclure, contester,
» s'opposer et stipuler ce qui conviendra pour le bien de notre
» service; même assister aux délibérations, sans néanmoins y
» opiner. »

patentes pour faire les évaluations des domaines à échanger.

2.º Évaluations faites par procès-verbaux de ces commissaires.

.3.º Rapport des procès-verbaux d'évaluation par les mêmes commissaires, au conseil, pour y être examinés et jugés.

4.º Lettres-patentes de ratification sur les procès-verbaux d'évaluation, adressées aux chambres des comptes, pour y être enregistrées et exécutées, et pour donner ainsi à l'échange son dernier complément.

5.º Si les commissaires étaient nommés parmi les officiers de la chambre des comptes, toutes les procédures devaient être faites à la requête du procureur-général.

C'est ainsi que le choix des commissaires, l'examen de leur travail dans le conseil, et la vérification de leurs opérations par la chambre des comptes, ont paru indispensables pour prévenir les inconvéniens des échanges frauduleux.

3.º L'échange doit être sincère et fidèle; l'accomplissement des formalités ne doit pas servir de voile à la fraude. Si elles ont été observées exactement, pour mieux cacher le préjudice porté à l'état, l'échangiste n'en est que plus coupable.

La législation a varié sur l'étendue de la lésion qui donnait lieu à la révocation de l'échange. L'édit d'avril 1667 parle seulement d'une *lésion énorme*, sans la déterminer plus spécialement; la loi du 1.ᵉʳ décembre 1790, déclare l'échange révocable, (Art. XX.) si le *domaine* a souffert une lésion du *huitième*; enfin la loi du 14 ventose an VII, dans l'art. VII, a fixé la lésion *au quart* de la valeur des biens.

C'est au temps de l'aliénation ou de l'échange qu'il faut remonter pour fixer cette valeur, quelques améliorations que le *domaine* donné en échange ait pu recevoir depuis, parce qu'alors l'échange est vicieux dans son principe. Dans tous ces cas, il y a lieu à la révocation de l'échange.

Le concours de trois conditions est donc nécessaire pour placer un échange de biens domaniaux dans une des exceptions établies par la loi du 14 ventose.

1.° Les échanges doivent avoir été consommés légalement ;

2.° Ils doivent avoir été faits sans fraudes ;

3.° Leur consommation doit être antérieure au 1.er janvier 1789, ou à l'époque des réunions des pays réunis à la France depuis le 1.er janvier 1789.

La révocation d'un échange produit plusieurs effets :

1.° Elle fait rentrer le *domaine* dans la plénitude de ses droits anciens, et elle remet l'échangiste en possession de l'objet par lui cédé en contr'échange, sauf les indemnités, s'il en est dû. (Loi du 1.er décembre 1790, art. II.)

2.° L'échangiste avait ordinairement le droit de revendiquer les terres démembrées de celles qui lui ont été données à titre d'échange ; mais ces domaines ainsi recouvrés, ne sont, dans les mains de l'échangiste, qu'à titre d'engagemens. L'état pouvait les reprendre en tout tems, en lui payant la finance qu'il avait lui-même remboursée.

La révocation de l'échange produira donc nécessairement la rentrée du *domaine* dans ces terres anciennement démembrées, sauf l'indemnité due à l'échangiste.

SECTION II.

Les aliénations confirmées par les assemblées nationales.

La souveraine puissance appartient à la nation en corps, sur le gouvernement de l'état et sur la disposition de ses biens. Le *domaine* public, dans son intégrité et avec ses divers accroissemens, est son patrimoine. Cette propriété est la plus parfaite qu'on puisse concevoir, puisqu'il n'existe aucune autorité supérieure qui puisse la modifier ou la restreindre. La faculté d'aliéner, attribut essentiel du droit de propriété, réside donc essentiellement dans la nation assemblée.

Les aliénations du *domaine* de l'état, qui ont été confirmées par les décrets des assemblées nationales, trouvent leur confirmation et la garantie de leur stabilité dans la constitution elle-même de l'empire français (1). La loi du 1.er décembre 1790 leur donnait une nouvelle sanction, et celle du 14 ventose an VII en reconnaît la légitimité.

SECTION III.

Des terres vaines et vagues.

On a distingué pendant long-temps entre les

---

(1) « La nation française déclare qu'après une vente légalement consommée de biens nationaux, quelle qu'en soit l'origine, l'acquéreur légitime ne peut en être dépossédé, sauf aux tiers réclamans à être, s'il y a lieu, indemnisés par le trésor public. » (Constitution, art. 94.)

grands et les *petits domaines* de l'état. On appelait *petits domaines*, les rentes, les moulins,
pressoirs, halles, maisons, boutiques, et les *terrains
vains et vagues.*

Les lois anciennes ont constamment déployé la
même sévérité contre les aliénations des *grands
domaines*; mais elles ont toléré, souvent même
autorisé la vente des *petits domaines.*

Les lois nouvelles ont rejeté cette distinction,
comme un abus dont l'effet était d'imprimer à des
biens tenus *en roture*, mais utiles, un caractère
d'exception contraire aux principes

Le rapport fait au conseil des cinq-cents, annonce qu'il s'était élevé à cet égard de grandes
difficultés.

En effet, il ne s'agissait pas de savoir si l'on
maintiendrait les accensemens peu considérables
de ces sortes de terrains, afin de ne pas troubler
de petits possesseurs présumés favorables; mais on
se demandait s'il était possible d'apporter la plus
légère dérogation à ces concessions, quelle qu'en
fût l'étendue, et si elles ne devaient pas être confirmées sans aucune limitation.

Les doutes les plus difficiles à résoudre nais-
saient de l'état même de la législation.

« L'édit de février 1566, après avoir interdit
» l'aliénation du *domaine*, (art. I.ᵉʳ) si ce n'est en
» deux circonstances, se contente de dire (art. II.)
» qu'il ne pourra pas être fait de bail de *terrains
» vains et vagues*, si ce n'est en vertu de lettres-
» patentes vérifiées dans les parlemens et dans les
» chambres des comptes, à peine de nullité. »
On lit dans l'art. XII, « qu'il ne pourra pas être
» pris pour ces baux des deniers d'entrée, à moins

» qu'ils

» qu'ils ne soient employés au rachat des *do-*
» *maines* ou autres affaires urgentes de l'état. »

Par un autre édit du même mois, « il a été
» formellement ordonné que les *terres vaines et*
» *vagues*, prés, marais et palus, qui appartenaient
» au *domaine*, seraient donnés à cens et rente à
» perpétuité. »

Ainsi le principe de l'accensement des terrains
vains et vagues remonte à l'époque à laquelle l'i-
naliénabilité du *domaine* a été le plus solennellement consacrée : l'exception faite en faveur de
ces terrains ne pouvait pas être plus authentique-
ment établie que par ce contraste frappant dans
la législation des biens du *domaine*.

Cette dérogation à la sévérité des principes
était fondée sur l'intérêt véritable de l'état. N'était-
il pas à desirer que des terrains stériles fussent mis
en culture, que l'industrie s'y exerçât, et qu'ils
dussent à l'activité du travail, des productions que
la nature semblait leur avoir refusées ? La longueur des travaux, et le courage de faire toutes
les avances qu'entraînent des défrichemens dont
les effets tournent au profit du bien public, étaient
dignes de toute faveur.

Des édits de novembre 1569, (pour le Dauphiné) d'avril 1574, pour les généralités de Picar-
die, de Champagne et de Touraine, des lettres
du 4 juin 1577, pour la Bretagne, avaient ordonné
dans toutes ces provinces la vente de ces petits
domaines, et sur-tout des terrains vains et vagues;
(Dictionnaire des Dom. tom. II. pag. 225.) d'autres réglemens avaient étendu sous le nom d'édits,
de lettres-patentes et de déclarations, les mêmes
dispositions à d'autres provinces. (Ibid. pag. 126
et suivantes.)

Des Domaines engagés.   E

Il fallait cependant qu'il se fût déjà introduit dans ces accensemens, des abus considérables, puisque l'édit de 1667, « a soumis tous ceux qui » étaient en possession des *terrains vains et va-* » *gues, palus, marais*, etc. concédés à cens, à » rente, ou par inféodation, ou à autre titre, à » rapporter les titres et baux de leurs concessions, » pour être pourvu à leur remboursement, ou y » être maintenus suivant qu'il aura été jugé d'après » le rapport des commissaires. »

Mais il résulte encore de cette loi, que les *concessions de terrains vains et vagues*, qui avaient été exemptes de fraude, en ont reçu un nouveau titre de perpétuité.

D'autres aliénations semblables de *terres vaines et vagues*, et par forme d'inféodation, ont été ordonnées tant par une déclaration du 8 avril 1672, que par des lettres-patentes du 3 mai 1687. Ces concessions ont même été jugées si régulières qu'elles ont été proclamées non sujettes à confirmation par la déclaration du 13 août 1697. (V. Dict. des Domaines, ibid.) Enfin, la vente des terrains de même nature qui restaient à aliéner, a été ordonnée par l'édit d'avril 1702. Ainsi, dans tous les temps, les acquéreurs de terrains vains et vagues n'ont contracté qu'en vertu de lois toujours conformes aux principes du domaine sur cette nature de biens.

La loi du 1er. décembre 1790, avait encore imprimé à ces concessions un caractère bien plus authentique d'irrévocabilité.

L'Assemblée nationale y a déclaré, art. XXI, « que les aliénations faites jusqu'à ce jour, par » contrat d'inféodation, baux à cens ou à rente, » *des terres vaines et vagues, landes, bruyères,*

« » *palus , marais , et terrains en friche ,* autres
« » que ceux situés dans les forêts , ou à cent per-
« » ches d'icelles, étaient confirmées et demeuraient
« » irrévocables, pourvu qu'elles eussent été faites
» sans dol ni fraude, et dans les formes prescrites
» par les réglemens en usage au jour de leur
» date. »

C'est ainsi que ces aliénations ont été maintenues indéfiniment dans les cas prévus par la loi.

Le décret du 10 frimaire an 2, « les a encore
» confirmées, ainsi que les sous-accensemens faits
» avant le 14 juillet 1789 , sous la condition que
» ces terrains ayent été mis et soient encore ac-
» tuellement en valeur. » Et comme la loi de 1790
exigeait que ces conditions eussent été faites sans
dol ni fraude; le décret du 10 frimaire an 2, art.
IV, a établi que le dol et la fraude pourraient
se prouver par la notoriété publique et par enquête , pour reconnaître si les objets aliénés sous
les noms de *terrains vains et vagues ,* etc. étaient
lors de l'aliénation des terrains en *culture ou en
valeur.*

Une résolution du conseil des cinq-cents, du
27 thermidor an 6 , avait révoqué sans aucune
preuve et absolument, toutes les aliénations de ce
genre qui excédaient 14 hectares , (environ 28 arpens à 22 pieds la perche) mais cette résolution
avait été rejetée au conseil des anciens.

Tel était le dernier état de la législation toujours favorable aux aliénations faites sans fraude
de terrains vains et vagues.

Dans ces circonstances , que devait prononcer le
corps législatif ?

Devait-il révoquer par une loi ce qu'avait accordé une loi précédente émanée des représentans

du peuple ? la Nation étant alors rentrée dans ses droits , ce qu'elle a stipulé en son nom par ses représentans, s'est empreint aussitôt d'un caractère d'irrévocabilité : il ne paraissait plus possible de déroger à une propriété fondée sur un titre aussi authentique. On était convaincu de la nécessité de respecter la stabilité des lois , de celles sur - tout qui touchent à la propriété des citoyens.

D'un autre côté , l'intérêt de l'Etat se faisait entendre : si l'on confirme , répondait-on, purement et simplement ces accensemens, les acquéreurs n'auront-ils pas reçu, de la loi de 1790, une pure libéralité et la remise gratuite d'un don acquis à la Nation ! Ne maintiendra-t-on pas sans le vouloir, d'immenses concessions souvent extorquées par le crédit? les usurpateurs ne trouveront-ils pas dans la conservation de biens précieux, une sorte de récompense d'avoir employé la ressource commode des frauduleuses qualifications , pour déguiser d'injustes faveurs qu'ils auront obtenues de la cour ?

Deux inconvéniens également dangéreux , entre lesquels on se trouvait placé. La loi du 14 ventose an VII s'est attachée à les éviter l'un et l'autre , en établissant un nouvel ordre de législation.

Voici les conditions auxquelles ces sortes de concessions sont maintenues :

1.° Leur confirmation ne prend pas pour règle l'étendue plus ou moins grande des terrains concédés : une telle disposition aurait appliqué faussement à un cas de justice rigoureuse, une règle qui n'est bonne que pour les exceptions de pure faveur.

2.° Conformément aux lois de 1790 et de l'an

II, les concessions doivent avoir été faites *sans dol* et *sans fraude*.

3.º Conformément à la loi du 10 frimaire an II, il faut que les terrains concédés *aient été mis et soient actuellement en valeur* ; autrement le détenteur ne trouve, ni dans ses travaux, ni dans ses dépenses, aucun titre pour réclamer l'exception.

4.º Le dol et la fraude qui donnaient lieu à la révocation, suivant les lois de 1790 et de l'an II, *peuvent être prouvés*.

5.º Si le dol et la fraude sont prouvés, il y a lieu à révocation.

6.º La forme dans laquelle la preuve peut être faite, est déterminée.

7.º Enfin, la présomption même de la fraude est établie dans quelques cas.

I.

Il est juste qu'il y ait lieu à la révocation, si des terres qui étaient réellement en valeur, ont été faussement qualifiées *terrains vains et vagues*.

Le détenteur ne possède alors qu'en vertu d'un titre mensonger. C'est une imposture criminelle ; c'est un vol fait à l'état, qui lui aura transmis les biens dont il jouit : aucun temps n'aura pu légitimer sa possession, ni effacer le crime de son origine. Les droits de la nation sont imprescriptibles ; elle devra reprendre ce dont elle aura été dépouillée si injustement. Des enquêtes, des actes écrits, mis en opposition avec le titre d'aliénation, pourront fournir la preuve importante qui réunira au *domaine* ces biens usurpés. (Art. IX de la loi du 14 ventose an VII.)

II.

En général, la fraude ne se présume jamais. C'est, au contraire, un principe universellement admis dans notre législation civile et criminelle, que l'innocence et la sincérité sont présumées de plein droit; la fraude doit être prouvée. Sur cette maxime repose la tranquillité de toutes les familles. Il suffit de posséder pour être autorisé à posséder encore. C'est à celui qui veut dépouiller un autre de sa propriété, à produire ses titres, tandis que la personne attaquée doit rester sur la défensive. Dans toutes les procédures, dans toutes les contestations, c'est à celui qui forme la demande à prouver la légitimité de son action. *Actori incumbit onus probandi.*

Mais les principes conservateurs des biens du *domaine*, consacrés par des lois solennelles, et maintenus avec fermeté dans tous les temps, ont admis, à l'égard des aliénations des terres domaniales, quelques exceptions à ces maximes générales. La législation du *domaine* nous apprend qu'il a fallu lutter sans cesse contre les abus, prévenir les uns, réprimer les autres; et l'intérêt public a forcé le gouvernement de s'écarter des règles ordinaires.

Dès le XIV.ᵉ siècle, Philippe-le-Long ordonna la réunion au *domaine* des terres anciennement concédées. Dans le XVI.ᵉ siècle, il fut ordonné au ministère public, par l'édit de février 1566, de rechercher les causes et les formes des aliénations *domaniales* qui avaient été faites.

Par édit d'avril 1667, les possesseurs des *terrains vains et vagues*, anciennement concédés, furent obligés de présenter leurs titres pour être maintenus ou remboursés après l'examen.

Ils ont encore été soumis aux mêmes formalités par les arrêts du conseil, des 1.er mai 1718, 16 janvier et 24 mars 1719, 7 mars 1777, et 14 janvier 1781.

La durée de la possession des terres *domaniales* n'a donc jamais exempté les détenteurs de la recherche de la cause originaire de leur jouissance, parce que cette exemption serait entièrement incompatible avec l'imprescribilité des droits de la nation. Il faut représenter les titres d'un bien *domanial*, toutes les fois que l'intérêt de l'état les fait demander : au contraire, les propriétaires des biens patrimoniaux n'ont point à représenter leur titres à celui qui vient les attaquer, s'il ne commence pas à en présenter un lui-même.

Veut-on savoir la cause de cette différence entre les possesseurs de ces deux genres de biens ?

La jouissance d'un bien *domanial* est toujours sujète à examen, par sa nature ; c'est toujours au détenteur à prouver la légitimité de sa possession, parce que la domanialité des biens qu'il possède ayant été une fois constatée, elle est imprescriptible ; et de-là il résulte en principe, contre le détenteur, une sorte de présomption éternellement subsistante de l'illégalité de sa possession.

De la présomption de droit.

Mais lorsque l'histoire de chaque règne offre des preuves de la déprédation des *domaines* et de la dilapidation des finances de l'état ; lorsqu'on y voit avec scandale un si grand nombre de ceux qui entouraient le trône, augmenter leur patri moine aux dépens du trésor public ou du *domaine* de l'état; lorsqu'on remarque les efforts multipliés et impuissans que les rois eux-mêmes ont faits pour réunir au *domaine* des biens que des largesses immodérées lui avaient fait perdre; on doit être moins surpris de voir une loi sévère s'écarter des principes et des régles ordinaires, pour donner la force d'une présomption de droit aux soupçons qui s'élévent d'eux-mêmes sur ces sortes de possessions.

Dans quelles familles, en effet, se trouvent la plupart de ces grandes propriétés, distraites originairement du *domaine*? Elles étaient presque toutes entre les mains des Grands et de ceux dont les péres formaient la cour des rois. C'est dans ce cercle étroit que presque toutes ces concessions étaient renfermées; les autres classes de la société en étaient ordinairement exclues.

Voilà le motif qui a fait établir cette présomption de droit si contraire aux régles générales, et qui a été créée par la loi du 14 ventose an VII.

Ne l'examinons d'abord que dans toute sa rigueur; on cherchera ensuite les raisons qui en devront adoucir la sévérité.

Les rapports faits aux Conseils, annoncent qu'elle a été fondée sur les monumens de l'histoire, sur la multitude infinie des concessions frauduleuses, sur les pertes immenses du *domaine* dont les biens, concédés sous les qualifications que l'intrigue a déguisées, ont enrichi des familles ou augmenté l'opulence de celles qui possédaient déjà de grandes fortunes.

Cette présomption, au surplus, quelque dure qu'elle puisse paraître à ceux qui s'y trouvent soumis , est incapable de leur enlever ce qu'ils possèdent légitimement. Quoique la fraude soit présumée de droit, la vérité devra toujours l'emporter.

Suivant les termes de la loi, la frauduleuse qualification sera *légalement présumée*, et elle donnera lieu, de plein droit, à la *révocation*, *si les aliénations ont été faites à des ci-devant gentilshommes titrés , ou autres personnes ayant charge à la cour.* (Art. X de la loi du 14 ventose.

Effets de la présomption légale.

La présomption de droit supplée à la preuve ; elle suffit quand il n'y a point de preuve ; elle dispense même de la preuve, mais elle ne détruit pas la preuve , parce que la vérité prouvée est supérieure à tout. L'effet de la présomption de droit, est donc de rejeter entièrement sur cette classe de personnes tout le poids de la preuve ; mais il ne s'étend pas jusqu'à leur enlever ces biens, lorsqu'il sera prouvé que les terrains qui leur ont été anciennement concédés , étaient entièrement incultes et sans valeur.

Des gentilshommes titrés , et de ceux qui avaient charge à la cour.

On doit entendre par gentilshommes titrés ceux qui portaient le titre de princes , ducs , comtes, vicomtes, barons, marquis.

Les charges de la cour étaient de trois genres.

On distinguait 1.º, la maison d'honneur du roi, de la reine et des princes.

2.º Leur maison militaire.

3.º Leur maison domestique.

La maison d'honneur était composée des grands officiers et de ceux qui formaient véritablement *la cour*. Tels étaient les grands aumôniers, les grands chambellans, les premiers gentilshommes de la chambre, les écuyers, les maîtres des cérémonies, etc. etc.

Dans la maison de la reine, la surintendante, les dames d'honneur, d'atours ou du palais; les chevaliers d'honneur, les aumôniers, les écuyers, les premiers maîtres-d'hôtel, les secrétaires des commandemens, etc.

La maison militaire comprenait les capitaines des gardes, les gardes-du-corps, de la manche, de la porte, les cent-suisses, et anciennement les mousquetaires, les gendarmes et les chevaux-légers.

La maison domestique renfermait non-seulement les premiers officiers de chaque espèce de service, mais les plus petits emplois, et jusqu'à ceux auxquels les plus viles fonctions étaient attachées ; tels que les galopins, porte-table, porte-faix, hâteurs de feu, enfans de cuisine, dont les titres et les gages étaient portés dans les états annuels de la chambre des comptes. (Voyez la déclaration du 29 mai 1774.)

La loi ne distingue point entre les charges de ces trois sortes de maisons; d'où il faudrait conclure qu'elles sont toutes également comprises dans sa disposition.

Mais on ne peut se persuader qu'elle n'admette point à cet égard des modifications dictées par la justice et commandées par la raison la plus évidente.

On sait qu'une foule de ces petites charges, qui donnaient toutes le titre de *commensal*, n'étaient acquises que dans le désir de se procurer les exemptions qui y étaient attachées : la plupart de ceux qui en étaient revêtus n'en faisaient point les fonctions. Ceux qui exerçaient ces emplois vils et obscurs, n'obtenaient ni grâces ni faveurs, parce qu'ils n'étaient pas même à portée de les solliciter. Ce serait donc les traiter avec une rigueur déplacée, que de les assimiler aux *seigneurs* et aux *dames de la cour*. Ceux-ci pouvaient facilement profiter des entretiens journaliers et de la société habituelle, du jeu, des parties de plaisir, et de tout l'ascendant que donnent l'intrigue et la familiarité, pour surprendre des grâces et des concessions aux dépens de l'état : les autres étaient relégués dans l'exercice de leurs fonctions domestiques.

Il en était de même de tous les individus qui composaient les différentes troupes de la maison militaire : les chefs de ces corps étaient seuls admis à *faire leur cour ;* mais on ne dira jamais que des gardes-du-corps, des cent-suisses, des chevaux-légers, ou des gendarmes et des mousquetaires, fussent des *gens de la cour :* ils la voyaient, ils la servaient, mais n'en étaient point.

Il paraît donc juste qu'il soit fait des exceptions à une disposition générale qui embrasserait dans ses effets une foule de circonstances auxquelles la raison et l'équité n'en permettrait pas l'application.

La présomption légale de la *fraude* ne s'étendra point au sous-inféodataire, s'il ne réunissait pas, comme le concessionnaire primitif, la qualité de *gentilhomme titré ou ayant charge à la cour ;* mais s'il était revêtu de la même qualité, il y aura lieu à la même présomption.

Delà résultent plusieurs conséquences.

1.º Si l'inféodation primitive n'a pas été faite à un *gentilhomme titré*, la présomption légale n'aura pas lieu contre lui ni contre le sous-inféodataire, quand même il aurait eu la qualité de *gentilhomme titré*, parce que la concession primitive ne devra pas être jugée frauduleuse.

2.º L'inféodation et la sous-inféodation pourront se trouver soumises à l'effet de la présomption légale, si elles ont été faites à des gentilshommes titrés ; et cependant les arrières sous-inféodations ou accensemens qui auront été faits à des personnes non titrées, ne se trouveront pas compris dans l'effet de la présomption.

3.º C'est l'époque des concessions primitives et des sous-inféodations qu'on doit considérer, et non pas la qualité de ceux qui possédaient au moment où la révolution s'est opérée, parce que la loi ne peut appliquer ces motifs, qu'à ceux qui les premiers ont obtenu ces concessions.

Voilà ce qui résulte des dispositions de la loi, considérée en elle-même, et sans aucun adoucissement. Tant qu'elles subsisteront, on ne pourra se refuser d'obéir à leur empire.

Mais le retour des jours plus sereins, qui ont succédé à tous les orages de la révolution, fait naître l'espérance de voir révoquer la présomption de droit établie contre les GENTILSHOMMES TITRÉS OU AYANT CHARGE A LA COUR. Les maximes de l'ordre public, celles qui assurent l'entière et libre exécution des lois civiles reprendront toute leur force, sous un gouvernement qui ne veut suivre que la justice.

Définition et caractère des présomptions.

Qu'est-ce qu'une présomption en général ? C'est un jugement que l'*homme* ou la *loi* portent sur la vérité d'un fait, par une conséquence tirée d'un autre fait, d'après ce qui arrive le plus souvent : *ex eo quod plerumque fit, ducuntur præsumptiones.*

La présomption de *droit* est celle qui est revêtue du caractère le plus fort. C'est une disposition de la loi qui présume qu'un tel fait est véritable, et qui veut que ce fait passe pour tel, comme si elle en était convaincue. *Dispositio legis aliquid præsumentis, et super præsumpto, tanquàm super comperto statuentis.* (Alciat.) La loi en fait le fondement d'un droit certain, qui ne peut être régulièrement détruit que par la preuve contraire.

La présomption de l'*homme*, ainsi appelée pour la distinguer de celle *de la loi*, peut acquérir quelquefois la même force, pourvu qu'elle réunisse trois conditions.

1.° Elle doit être grave et précise; c'est-à-dire, porter sur des faits qui aient une connexité directe avec ceux dont on cherche la preuve.

2.° Elle doit être claire et uniforme, c'est-à-dire, appuyée sur des faits qui se lient les uns aux autres, de manière à tendre tous au même but.

3.° Il faut qu'elle ne résulte pas d'un seul fait, mais de plusieurs.

On considère, en effet, la présomption comme

une sorte de disposition testimoniale qui doit réunir ces différens caractères.

De quelle force doit donc être, par sa nature, le genre d'une présomption, pour être admise par une loi, et pour suppléer au défaut de toute autre preuve? Il faut qu'elle se tire des circonstances du fait principal, de celles qui l'ont précédé, accompagné ou suivi. S'agit-il d'un acte? C'est de sa nature et de ses dispositions qu'elle doit résulter; mais jamais elle ne doit s'appuyer sur les qualités de la personne.

Qu'il s'élève une contestation sur un acte entre une personne peu instruite, étrangère à toutes les affaires par son état, et un homme dont l'expérience et l'habileté, dont la finesse même et le peu de délicatesse seront reconnues; que le premier se plaigne d'avoir éprouvé une lésion considérable, la partie paraîtra n'avoir pas été égale au moment du contrat; on ne se décidera cependant point par le caractère des personnes. Ce sera l'acte même qu'il faudra juger.

Admettre une présomption, qui n'est pas même fondée sur le caractère et sur les mœurs habituelles de la personne, mais seulement sur son état ou sur sa qualité, ce serait ce dont nos lois et celles d'aucun peuple policé n'offrent l'exemple : c'est, en effet, l'acte et non pas la personne qu'il faut juger : c'est la légitimité du contrat, et non pas la moralité de l'individu qu'il faut examiner.

Que penser donc d'une présomption qui n'est appuyée ni sur les circonstances du fait, ni sur ses accessoires, ni sur les conditions de l'acte, ni sur la moralité de l'individu, ni sur sa réputation personnelle, mais sur un fait dont il n'a pu être le maître, sur sa naissance et sur la condition de ses pères depuis plusieurs siècles ? d'une présomption qui embrasse peut-être cent mille citoyens, sans distinction, sans exception ; dont l'unique objet est d'attaquer plus facilement leur propriété, et de leur enlever ce qu'ils peuvent posséder au titre le plus légitime ?

Principe nouveau et destructeur du droit de la propriété, qui appartient également à toutes les classes de citoyens !

Sans doute des courtisans avides et des *gentils-hommes titrés* ont envahi des domaines : ils ont concouru à la dilapidation des finances : ils ont accaparé toutes les faveurs, toutes les grâces ; sans délicatesse, sans foi comme sans pudeur, ils ont trouvé tous les moyens bons pour y parvenir. Que la loi fasse rendre par leurs descendans ce qu'ils ont usurpé, ce qu'ils ont volé au *domaine* de l'état ; la France applaudira ; mais la justice ne permet pas de confondre une foule immense de citoyens dans la peine du même crime, sans titres, sans preuves et sans indices : les peines doivent être personnelles, comme le crime ; et aucun de ceux qui ne sont pas coupables ne doit être puni ; il ne doit pas être privé de sa propriété sur une simple présomption.

Et sur quelle base serait-elle fondée cette présomption fatale ? *Sur la raison d'état.*

La *raison d'état* elle-même est incapable de la justifier. N'est-ce pas une maxime fondamentale des sociétés, que les lois politiques n'ont point d'empire sur la loi civile ? Elles doivent, au contraire, la soutenir et la protéger. Les lois politiques sont celles qui établissent et qui consolident les sociétés. Les lois civiles sont celles qui règlent les propriétés. Or, les sociétés n'existent, elles n'ont de force que pour maintenir les propriétés ; elles n'ont point d'autre but : d'où il suit que les lois politiques doivent faire respecter la loi civile, et que celle-ci n'est pas sous leur empire.

Consultons un des publicistes les plus célèbres. L'auteur immortel de l'Esprit des Lois nous a transmis sur cet objet essentiel les idées les plus justes.

« Il ne faut pas, dit-il, (L. 26, ch. 15.) décider
» par les lois de la liberté, qui n'est que l'empire
» de la cité, ce qui ne doit être décidé que par
» les lois qui concernent la propriété.

» C'est un paralogisme, de dire que le bien
» particulier doit céder au bien public : cela n'a
» lieu que dans les cas où il s'agit de l'empire de
» la cité, c'est-à-dire, de la liberté du citoyen :
» cela n'a pas lieu dans ceux où il est question
» de la propriété des biens, parce que le bien
» public est toujours que chacun conserve inva-
» riablement la propriété que lui donnent les lois
» civiles.

» Posons donc pour maxime, ajoute ce savant
» magistrat, que lorsqu'il s'agit du bien public,
» le bien public n'est jamais que l'on prive un
» particulier de son bien, ou même qu'on lui en
» retranche la moindre partie par une loi ou un
» réglement politique. Dans ce cas, il faut suivre
» à la rigueur la loi civile, qui est le *palladium*
» de la liberté.

» Ainsi, lorsque le public a besoin du fonds
» d'un particulier, il ne faut jamais agir par la
» rigueur de la loi politique ; mais c'est - là que
» doit triompher la loi civile, qui, avec des yeux
» de mère, regarde chaque particulier comme toute
» la cité même. »

La

La loi politique et la loi civile sont donc d'accord pour protéger les propriétés de tous les citoyens.

Tous les habitans de la république sont égaux à leurs yeux : elles ne considèrent que les *droits*, et ne s'arrêtent point à la qualité des *personnes*. Si les lois ne reconnaissent plus aujourd'hui toutes les qualifications et les distinctions qui étaient dans la monarchie française, ou des prérogatives de la naissance, ou des témoignages de la faveur des rois ; elles n'en ont pas conservé un odieux souvenir, pour faire éprouver une sorte de proscription à ceux qui en étaient revêtus.

Toutes ces distinctions féodales ou nobiliaires, devenues le germe ou le prétexte d'un si grand nombre d'injustices dans des temps malheureux, ne doivent plus se retrouver dans nos lois. *La seule distinction* qui puisse exister entre les citoyens doit être celle *de la probité, des talens et du patriotisme.* (Arrêté du conseil d'état, du 4 nivose an VIII.)

Il est donc digne de la sagesse du gouvernement de révoquer une exception et une présomption aussi contraires à tous les principes de la justice, qu'à l'ordre et à l'essence des lois politiques et civiles.

Il ne suffit pas que l'inféodation ou l'accensement des *terres vaines et vagues* aient été faits sans fraude, ou qu'ils aient été revêtus de toutes les formalités ; il faut encore que les terrains soient situés hors des forêts et à une distance 715 mètres ou 100 perches (366 toises 5 pieds 9 pouces 8 lignes, ou 2202 pieds, c'est-à-dire, 100 perches à 22 pieds). Cette disposition se trouve dans l'art. 31

de la loi du 1.er décembre 1790, dans celle du 10 frimaire an II, art. 3; dans celle du 3 septembre 1792, art. 27 : elle a eu pour objet de prévenir les dégâts qui auraient pu se commettre dans les forêts, qu'il est si intéressant de conserver.

Il faut enfin que le but de la concession des terrains vains et vagues ait été rempli, c'est-à-dire, que la terre ait été mise en valeur : la confirmation de la jouissance n'est accordée qu'à ce prix.

La loi n'a point fixé l'espèce de culture à laquelle le propriétaire a dû s'appliquer. Cela dépend des localités. Chaque pays adopte un genre de spéculation et d'exploitation; il était prudent de laisser au détenteur le choix des moyens que la nature du sol et l'usage de la contrée lui permettent d'employer pour son intérêt personnel.

SECTION IV.

Les aliénations des terrains épars.

Autant la loi s'est attachée à révoquer toutes les aliénations qui n'étaient évidemment que le fruit de l'intrigue et de la cupidité, autant elle est favorable à toutes les petites concessions de parcelles de terrains, sur lesquelles on ne peut élever ni l'accusation ni la présomption de dilapidation du *domaine;* elle a voulu assurer la tranquillité d'une foule innombrable de familles, accoutumées avec raison à considérer comme leur patrimoine de petits objets dont la valeur était originairement presque nulle, et qui n'ont été détachées du *domaine* que pour l'intérêt public;

telles sont les aliénations et sous-aliénations de terrains qui ne s'étendent pas au-dela de cinq hectares. (5 hectares valent 13170 toises quarrées, c'est-à-dire, 14 arpens 63 perches à 18 pieds, ou 11 arpens 85 perches ¼ à 20 pieds, ou 9 arpens 79 perches ½ à 22 pieds.)

La législation a varié sur ce point.

La loi du 1.er décembre 1790 a compris ces terrains dans la confirmation générale exprimée par l'art. 31.

La loi du 3 septembre 1792 a limité l'exception portée en l'art. 28, 1.° aux terres vaines et vagues au-dessous de 10 arpens ; 2.° aux terres défrichées en vertu des anciennes ordonnances, sur les lisières des forêts et sur les bords des grandes routes ; 3.° aux terrains situés dans les villes et bourgs au-dessous de 10 mille ames, sur lesquels il avait été fait des établissemens quelconques.

La loi du 10 frimaire an IV a excepté, art. 5, » les aliénations, même faites avec deniers d'en- » trée, et les terrains épars au-dessous de 10 arpens, » sous la condition 1.°, que ces objets seraient ac- » tuellement possédés par des citoyens dont la for- » tune n'atteindrait pas un capital de 10 mille livres ; » 2.° que le montant de l'objet aliéné ne s'éleverait » pas par lui-même à 10 mille liv. ; 3.° que les déten- » teurs rapporteraient des certificats de résidence » de non-émigration et de civisme. (Art. 5 et 7.)

La loi du 14 ventose an VII a supprimé cette dernière formalité, mais elle établit plusieurs conditions.

1.° Les aliénations et sous-aliénations doivent avoir une date certaine avant le 14 juillet 1789 ; la sous-aliénation elle-même doit être antérieure à cette époque.

2.° Il est indifférent que l'aliénation ait été faite *avec* ou *sans deniers d'entrée ;* l'exception est fondée sur la modicité des objets.

3.° Les terrains ne doivent pas avoir une étendue de plus de cinq hectares, ou dix arpens environ.

Si une concession de terrains épars, au-dessous de cinq hectares, se trouvait réunie dans le même titre avec l'aliénation d'un terrain d'un revenu plus considérable, qu'arrivera-t-il alors ? La concession considérable sera révoquée, et celle des terrains épars sera confirmée, pourvu qu'elle réunisse d'ailleurs les autres conditions.

4.° Les terrains concédés n'ont dû comprendre, lors des concessions primitives, ni châteaux, ni moulins, ni fabriques et autres usines, à moins que ce ne fût sous la condition de les démolir, et que cette condition ait été remplie ; autrement il serait visible que le *domaine* de la nation aurait perdu des objets véritablement précieux, dont la valeur et l'utilité ne pourraient être révoquées en doute.

5.° Enfin, s'il s'agit de terrains situés dans l'enceinte des villes, il faut qu'ils n'aient pas compris, lors de la concession, des habitations qui soient portées actuellement sur les rôles de la contribution foncière, au-dessus de 40 liv. de principal.

La loi ne parle pas du cas où la maison qui se serait trouvée sur le terrain lors de la concession, aurait été détruite et remplacée depuis par une autre qui paierait aujourd'hui plus de 40 liv. d'imposition foncière. Dans ce cas, y aura-t-il lieu à la révocation ? Il est évident qu'elle ne devra point être prononcée, parce que la maison existante actuellement n'était pas comprise dans la concession et que la reconstruction de la maison aura dû occasionner une dépense supérieure à la valeur du terrain sur lequel elle est bâtie.

Il est sans doute facile d'appliquer aux différentes affaires qui pourront se présenter, les dispositions d'une loi aussi sage.

Mais n'y a-t-il pas des circonstances dans lesquelles on devra s'écarter de sa rigueur?

Exceptions. — De la ville de Versailles.

Les terrains sur lesquels les maisons et la ville entière de Versailles ont été construites, faisaient anciennement partie du *domaine*. Il en a été fait des engagemens et des accensemens sans nombre, afin d'y encourager les constructions. C'est par ces moyens qu'une immense étendue de terrains incultes s'est vue couverte d'hôtels magnifiques et de maisons d'un grand prix; c'est à eux enfin que Versailles, devenue pendant long-temps une des premières villes de la France, a dû son existence.

Une étendue de plus de cinq hectares ferait-elle révoquer un accensement de terrains domaniaux dans l'enceinte de cette ville malheureuse, dont la grandeur passée fait aujourd'hui la misère? Les propriétaires n'y sont-ils pas assez à plaindre d'avoir vu s'évanouir dans leurs mains presque toute la valeur de leurs propriétés, et auront-ils encore à redouter de s'en voir enlever le reste par le motif d'un accensement qui excède cinq hectares?

On ne peut se persuader que la loi reçoive à leur égard son exécution. Leur position est si affligeante, qu'elle doit intéresser la justice elle-même. Il y a lieu de croire qu'ils seront placés dans une exception par une loi interprétative.

Certes, jamais une exception n'aura été plus hautement réclamée par la raison et par le comble du malheur.

SECTION V.

Fossés, murs et remparts des villes.

Il s'était introduit, dans le cours du siècle dernier, une foule d'abus. Les officiers municipaux de plusieurs villes avaient cru pouvoir disposer des murs, fossés, remparts et fortifications, d'après une fausse interprétation de la déclaration du 6 novembre 1677. (Dict. des Domaines, au mot *Mur.*) Mais l'arrêt du conseil, du 24 septembre 1678, les a fait rentrer dans le devoir, en rappelant la domanialité de ces biens.

L'édit de décembre 1681, a établi en principe que la propriété des remparts, murs, fossés, contrescarpes et dehors de toutes les villes de France, appartenaient au *domaine*, sans que qui que ce soit y puisse prétendre aucun droit de propriété, ni seigneurie directe, en quelque façon que ce puisse être.

Il y avait cependant à Paris un grand nombre de personnes qui possédaient des terrains de cette nature, soit en vertu d'emphythéoses, soit par des contrats de vente à titre perpétuel, qui leur avaient été passés par les prevôts des marchands de Paris, soit même sans aucun titre.

On n'a pas cru devoir les priver d'un bien dont ils jouissaient, les uns de bonne foi, les autres depuis long-temps. Ils y ont tous été maintenus également par le même édit, à la charge de payer une finance : à cette condition, il leur a été laissé toute liberté de disposer eux-mêmes de ces terrains, à titre perpétuel.

Un autre édit de décembre 1681, a ordonné la vente de ces objets, au profit du *domaine*, dans toutes les villes. Les possesseurs ont été soumis à l'obligation de payer une nouvelle finance et un cens annuel.

Un autre édit de mars 1695, a ordonné la vente de ceux qui restaient à aliéner.

La déclaration de février, de 1696, qui rappelle les dispositions de l'édit de décembre 1681, a ordonné aux détenteurs de payer une nouvelle taxe, un cens annuel, et les droits de lods et ventes aux mutations ; mais il y est dit expressément que cette loi ne s'applique point à la ville de Paris. Tout avait été réglé à cet égard par l'édit de 1681. En avril 1712, un édit a exigé, pour supplément de finance, la moitié de celle qui avait été payée originairemeut. Il a été ordonné que, faute de la payer, les terrains seraient réunis au *domaine*.

Des règlemens postérieurs ont ordonné l'exécution de ces lois dans toute la France.

Ainsi ces terrains, domaniaux par leur nature, ont nécessairement participé à la sévérité des principes qui assurent l'imprescriptibilité des droits de la puissance publique ; et malgré la multitude des abus, la nation n'a point perdu le droit de réclamer des biens qui forment une partie incontestable de sa propriété.

La législation nouvelle a établi, sur cette matière, des distinctions importantes.

Suivant la loi du 1.er décembre 1790, art. V, les murs et fortifications des villes entretenus par l'état et utiles à sa défense, font partie des domaines nationaux. Il en est de même des anciens murs, fossés et remparts de celles qui ne sont pas places fortes. Mais le même article porte que les villes et communautés qui en ont la jouissance actuelle, y seront maintenues, si elles sont fondées en titre, ou si leur possession remonte à plus de dix ans, et que les villes dont la possession aurait été troublée ou interrompue depuis quarante ans, y seront rétablies; enfin, la même loi a maintenu dans leur propriété et jouissance, les particuliers qui justifieront d'un titre valable ou d'une possession paisible et publique depuis quarante ans.

La loi du 3 septembre 1792 excepte de la révocation, en un seul mot, « les fossés et terrains » situés dans les villes au-dessous de dix mille ames, » sur lesquels il aura été fait un établissement quel. » conque. » (Art. XXVIII.)

La loi du 10 frimaire an II ne parle plus de la population au-dessous de dix mille ames; elle exige, art. III, « que les inféodations et les accen- » semens des fossés et remparts des villes soient » justifiés par des titres valables ou par une pos- » session paisible et publique depuis quarante ans, » et qu'il y ait été fait des établissemens quel- » conques, ou qu'ils aient été mis en valeur. »

La loi du 14 ventose an VII, a entièrement adopté ces dernières dispositions; elle en a répété littéralement les expressions, sans parler de la population.

Mais elle en a limité les effets par l'article XI; elle y exclut de l'exception, les concessions qui auraient été faites à une seule personne, par un même titre, de la totalité des *murs, remparts, fortifications d'une ville, et de tous les terrains en dépendans.* La faveur qui étoit due à des sous-concessionnaires, a déterminé la loi à maintenir, par le même article, l'exception qui leur avait été accordée pour la confirmation de leur propriété ; et ils rentrent, à cet égard , dans les dispositions générales du paragraphe V de l'article V.

Ainsi, dans les villes, une possession soutenue de titres valables, ou même continuée pendant quarante ans, sans titre, suffit, pourvu qu'il ait été fait des établissemens, ou que les terrains aient été mis en valeur.

ARTICLE VI.

« En conformité de l'article XIX de la loi du
» 1.er décembre 1790 , les échanges ne seront cen-
» sés légalement consommés, dans les pays for-
» mant la France au 1.er janvier 1789, qu'autant
» que toutes les formalités rappelées par ledit ar-
» ticle auront été accomplies en entier ; et en ce
» qui concerne les pays réunis, qu'autant qu'on
» aura observé les lois qui y étaient en vigueur. »
(Voyez la section Iere de l'art. V.)

ARTICLE VIII.

« Les échanges consommés pourront être révo-
» qués ou annullés, malgré l'observation exacte
». des formes prescrites, s'il s'y trouve fraude , fic-
» tion ou simulation prouvée par la lésion du
» quart, eu égard au tems de l'aliénation. »
(Voyez l'art. V, section Iere)

ARTICLE VIII.

« Dans le cas où un contrat d'aliénation , in-

» féodation, bail ou sous-bail, à cens ou à rente,
» porterait *à-la-fois sur des terrains désignés*
» *comme vains et vagues*, landes, bruyères, pa-
» lus, marais et terrains en friche, *et sur des ter-*
» *res designées comme etant cultivées* ou autre-
» ment en valeur, sans énonciation de contenance,
» ou sans désigner la contenance des uns et des
» autres, la révocation aura lieu pour le tout. »

L'aliénation des terres vaines et vagues a eté to-
lérée, lorsqu'elle était faite sans fraude, parce
qu'elle a réuni le double avantage d'encourager
l'agriculture et d'être utile à l'état, en créant une
valeur à un sol stérile. Mais pour mériter cette faveur, il fallait que la totalité des terrains concédés
fût inculte lors de l'aliénation. S'il y en avait une
partie qui fût cultivée, *sans que son étendue fût*
énoncée, il y aurait lieu à la révocation pour la totalité, quoique le titre fût sincère en lui-même,
et qu'il exprimât formellement l'état de culture
d'une partie des terrains. Pourquoi? c'est parce
qu'on ne peut plus alors distinguer quelle est la
partie de la concession qui mérite l'exception, et
quelle est l'étendue de terrain à laquelle doit s'appliquer la sévérité des principes sur l'inaliénabilité
du *domaine*. Le titre se trouve vicieux dès son
origine; on n'admet aucune preuve sur la distinction à faire des terrains qui étaient anciennement
incultes, et de ceux qui étaient cultivés, ni sur
leur étendue : le titre est déclaré nul pour le tout.

Au contraire, si le titre a distingué les terres
incultes, et qu'il ait énoncé la quotité des terres
en valeur, la révocation n'aura plus lieu pour le
tout ; elle ne s'appliquera qu'aux terres qui étaient
cultivées : la concession sera maintenue pour le
surplus.

ARTICLE IX.

« Si les objets aliénés, sous le nom de terres
» vaines et vagues, landes, bruyères, palus et ma-
» rais, étaient, lors de l'aliénation, *des terrains*
» *en culture ou en valeur*, la frauduleuse qualifi-
» cation pourra se prouver par *la notoriété publi-*
» *que* et *par enquête*, ou par actes écrits mis en
» opposition avec l'acte qui contient l'aliénation. »

Trois sortes de preuves sont admises pour établir
la frauduleuse qualification énoncée dans le titre
de concession, parce que la vérité peut se reconnaître par ces trois moyens, 1.º la notoriété publique, 2.º l'enquête, 3.º les actes écrits.

I.

La notoriété publique n'a jamais été considérée
soit dans la législation civile, soit dans le droit
criminel, comme formant elle seule une preuve
suffisante pour dépouiller une personne de sa propriété, ou pour prononcer des peines contre un
accusé; il faut des preuves, et le juge ne doit pas
s'arrêter aux présomptions même les plus fortes.

De la notoriété publique.

Or, qu'est-ce que la *notoriété publique ?* C'est
le concours, c'est la réunion d'une foule de témoignages qui se multiplient par les ouï-dires et par
la renommée. Telle est la source de cette espèce
de croyance générale sur des faits dont il n'existe
point de preuves écrites. La *notoriété publique*
peut ne pas s'accorder avec la vérité; c'est ce qui
arrive lorsque les premiers auteurs des récits qui

se sont propagés, ont débité des erreurs et des mensonges : aussi est-il reconnu en France, comme un principe inviolable, que la notoriété de fait n'a pas lieu, et que les juges ne doivent prononcer que sur des preuves.

Mais la *notoriété publique* conduit au moins à la connaissance de la vérité ; elle ne la démontre pas, mais elle est un avertissement salutaire qui l'indique ; elle trace la route par laquelle on peut y arriver. Sous ce point de vue, elle doit frapper l'attention du législateur, dans l'ordre criminel et dans l'ordre civil,

Dans le droit criminel, quand il est notoire que l'accusé a commis un crime ; quand une voix générale s'élève contre lui, à l'instant même, ce qu'on appelle le *flagrant delit*, l'accusé peut être arrêté, jetté dans les prisons ; le juge peut sur-le-champ passer à l'information ; (Jousse, tom. II. pag. 14.) les dépositions des témoins donneront ensuite les lumières qui fourniront les preuves que la *notoriété publique* a dû faire espérer.

Il en est de même dans l'ordre civil.

II. Ici la notoriété publique est également regardée comme insuffisante, pour dépouiller le détenteur des objets dont il jouit ; mais elle suffit pour donner lieu à une enquête qui doit alors être ordonnée. La loi exige la preuve qui doit résulter de la *notoriété publique* et de l'enquête, parce que les dépositions des témoins devront être claires, précises, détaillées. Elle réunit la nécessité de l'enquête *avec la notoriété publique*, par le mot ET : ainsi elle se sert de la *notoriété publique ;* mais elle ne s'en contente pas ; elle ordonne pour l'intérêt du *domaine* qu'il soit procédé à des *enquêtes* dès que la *notoriété publique* aura éveillé l'attention des administrations sur la frauduleuse qualification d'un titre ; mais sa sagesse et sa justice ont voulu que des *enquetes* régulières formassent des preuves complètes de ce que la *notoriété publique* avait annoncé.

III. Les actes écrits mis en opposition avec le titre qui contient l'aliénation, sont les plus fortes preuves. Ce sont des témoins irrécusables. On doit mettre dans ce nombre les ventes, les baux, les partages, les aveux et dénombremens, les déclarations censuelles, etc. etc. etc. La plupart de ces actes ayant été souscrits par les concessionnaires, ceux-ci ne pourront résister à des preuves qu'ils ont eux-mêmes fournies, ni à la vérité qu'ils auront solennellement reconnue, ni à l'exercice que la nation fera de ses droits pour reprendre des biens dont ils auront eux-mêmes avoué l'usurpation. Comment résister à ce contraste ? Comment les détenteurs oseront-ils alors faire entendre les plaintes les plus légères ?

A R T I C L E X.

« Cette frauduleuse qualification sera *légale-*
» *ment présumée*, et donnera lieu de plein droit
» à la révocation, si les aliénations dont il est
» parlé en l'article précédent, ont été faites à des
» *ci-devant gentilshommes titres ou autres per-*
» *sonnes ayant charge à la cour*, sans néanmoins
» que ladite révocation puisse atteindre les sous-
» inféodataires, à moins qu'ils ne réunissent les
» mêmes qualités. » (Voyez l'article V , section
III.)

ARTICLE XI.

« L'exception portée au § V de l'article V, ne
» s'applique pas aux inféodations, dons ou con-
» cessions fait *par un seul acte et en entier*,
» de tous les murs, remparts et fortifications d'une
» ville, ou de tous les terrains en dépendans,
» en ce cas, le sort desdites concessions sera ré-
» glé par les articles I, II, III et IV de la pré-
» sente, sans préjudicier toutefois à l'exécution
» dudit paragraphe V, relativement aux parcelles
» qui seraient possédées par des sous-concession-
» naires. »

Cet article a eu pour objet de révoquer les
concessions arrachées par l'intrigue ou la faveur,
et il maintient les petites concessions exemptes
de ce soupçon.

Les premières ont excité dans tous les temps
la sévérité des lois ; et si les efforts multipliés de
ces possesseurs injustes sont parvenus à les maintenir jusqu'à présent dans leur jouissance, il est
juste qu'à l'époque où la nation rentre dans tous
ses droits, ils soient obligés d'abandonner des
objets qu'ils n'auraient jamais dû posséder.

Cependant, quoique l'origine de leur possession soit contraire à toutes les lois du domaine,
on n'a pas voulu troubler les familles auxquelles
il aurait été fait des sous-aliénations ou des sous-
concessions des fossés, murs et remparts des villes
et des terrains en dépendans : ces objets aliénés
en sous-ordre ont paru être possédés de bonne-
foi, par des gens auxquels ne pouvaient s'étendre
les soupçons de déprédation et de dilapidation
des biens domaniaux : leur bonne-foi a été res-
pectée.

Ainsi une concession générale des murs, fossés et remparts d'une ville, devra être révoquée pour les portions dont le concessionnaire primitif ou ses descendans, auront conservé dans leurs mains la propriété, et elle sera maintenue pour toutes les parties sous-aliénées à des familles qui se trouveront dans les cas prévus par le paragraphe V de l'article III, c'est-à-dire, qui en auront joui paisiblement depuis quarante ans, ou qui y auront formé des établissemens, ou qui les auront mis en valeur.

ARTICLE XII.

« Les mêmes articles I, II, III et IV s'appli-
» quent aux biens que l'engagiste aurait pu réunir
» par puissance féodale ou censuelle, résultant de
» son contrat d'aliénation. »

Comme toute inféodation d'un terrain domanial, a été dans son principe une distraction du *domaine*, il est nécessaire et de la nature même des choses, que toutes les fois que l'inféodation cesse, le retour et la réunion de la terre inféodée au domaine, s'opèrent de plein droit.

Cela peut arriver de plusieurs manières. Le propriétaire d'un fief dominant, pouvait réunir dans sa main le fief servant, soit par les voies ordinaires de la transmission des biens dans la société, telles que les donations, acquisitions, successions, soit par l'effet de la puissance féodale qui s'exerçait par le retrait féodal, par la commise, par la confiscation et par la déshérence. L'engagiste ne pouvant faire valoir ces différentes actions qu'en qualité d'engagiste, on peut dire que ces droits ne lui appartenaient point personnellement : ils ne dépendaient que du *domaine* concédé à titre d'engagement ; ces actions *réelles* étaient incapables de transmettre à l'engagiste une propriété anciennement démembrée du *domaine* de l'Etat, et qui ne s'y réunissait que par l'effet de la supériorité et de la suprématie des terres domaniales dans l'ordre féodal.

L'engagiste n'était qu'un possesseur précaire. Il ne pouvait donc acquérir la propriété d'aucune partie quelconque des terres engagées : or, l'engagement lui aurait conféré le droit de réunir dans sa personne des propriétés immenses et sans bourse déliée, s'il avait pu acquérir pour lui-même, par l'exercice de la puissance féodale, les fiefs dépendans du *domaine* de l'Etat.

Tous les principes de la féodalité s'élevaient contre lui, et l'intérêt de l'Etat aurait souffert des pertes incalculables, si les lois eussent laissé aux engagistes la propriété de ce qui doit être ainsi réuni au *domaine*.

La commise, la confiscation, la déshérence opérant la réunion du fief servant au fief dominant, d'une manière entièrement lucrative, il ne sera dû à cet égard à l'engagiste aucune indemnité. Par une raison inverse, le retrait féodal ne pouvant s'exercer qu'à la charge de rendre à l'acquéreur la totalité du prix stipulé par le contrat de vente, il sera dû aux engagistes qui en auront fait usage, la restitution de toutes les sommes qu'ils justifieront avoir payées, avec les intérêts, à compter de l'époque depuis laquelle ils seront tenus de rendre la valeur des fruits des *domaines* qu'ils tiennent en engagement.

PARTIE

PARTIE TROISIÈME.

CONFIRMATION DES ENGAGEMENS.

Droits et devoirs des Engagistes.

ARTICLE XIII.

« LES engagistes qui ne sont maintenus par au-
» cun des articles précédens, et même les échan-
» gistes dont les échanges sont déjà révoqués ou
» susceptibles de révocation, sont tenus, à peine
» d'être déchus de la faculté portée en l'article
» suivant, de faire dans le mois de la publication
» de la présente, à l'administration centrale du
» département où sont situés les biens, ou la ma-
» jeure partie des biens engagés ou échangés, non
» encore vendus par la nation, ni soumissionnés
» en exécution de la loi du 28 ventose an 4, et
» autres y relatives, la déclaration générale des
» fonds faisant l'objet de leur engagement, échan-
» ge, ou autre titre de concession. »

Tous les réglemens dont le but a été de réunir
au domaine les biens qui en avaient été distraits,
ont obligé les détenteurs de faire la déclaration
des biens dont ils jouissaient ; et dans le cas où
les engagistes auraient récélé dans les déclarations
ordonnées, quelques objets dépendans des *domaines*, ils en ont toujours été punis par la réu-

Des Domaines engagés.   G

nion des objets récélés au *domaine* sans remboursement ni indemnité. (Arrêt du Conseil, du 14 janvier 1781 , art. II.)

Cette forme est bien plus simple et plus courte que la recherche pénible à faire de toutes les concessions domaniales dans les dépôts immenses des chambres des comptes ; elle est d'ailleurs souverainement juste , parce que tout engagiste , tout possesseur d'un bien domanial doit connaître la nature de sa possession.

Les lois ont même presque toujours ordonné aux détenteurs des biens domaniaux de représenter et de déposer leurs titres. Celle du 3 septembre 1792, article III, a imposé cette obligation sous les peines les plus graves ; c'est-à-dire, d'être entièrement dépossédé après un délai de trois mois et d'être tenu de rendre compte des fruits.

Si la loi du 14 ventose an VII ne parle plus de la remise des titres de la part des engagistes , son silence est fondé sur deux motifs;

1.° La remise générale des titres doit avoir été faite conformément à la loi du 3 septembre 1792;

2.° La représentation des titres n'est pas nécessaire pour obtenir la maintenue de la jouissance : la confirmation est générale, elle s'étend à tous les détenteurs sans exception, munis ou dépourvus de titres, pourvu qu'ils fassent leur déclaration, qu'ils remplissent les formes nouvelles , et qu'ils paient les sommes ordonnées par la loi.

La production de leurs titres leur sera infiniment utile pour la liquidation des indemnités qu'ils auront à répéter ; mais elle est en quelque sorte étrangère à la confirmation de la jouissance, qui ne sera accordée que sous la condition du paiement de la finance exigée par la loi.

La déclaration des biens doit être faite à l'administration centrale du département, dans lequel sont situés les biens engagés, ou la plus grande partie des *domaines* dont ils sont composés; elle doit présenter le détail de tous les objets compris dans la concession.

Si les biens sont situés dans plusieurs départemens, la déclaration devra être faite dans les départemens où se trouvera située la plus grande partie des *domaines engagés.*

ARTICLE XIV.

« Ceux qui auront fait la déclaration ci-dessus,
» pourront, dans le mois suivant, faire devant la
» même administration, la soumission irrévocable
» de payer en numéraire métallique *le quart de la*
» *valeur desdits biens estimés,* comme il sera dit
» ci-après, *avec renonciation à toute imputation,*
» *compensation ou distraction de finance, ou*
» *amélioration.*

» En effectuant cette soumission, ils seront main-
» tenus dans leur jouissance, ou réintégrés en
» icelle, s'ils ont été dépossédés, et que les biens
» se trouvent encore sous la main de la nation;
» déclarés en outre et reconnus propriétaires in-
» commutables, et en tout assimilés aux acquéreurs
» de biens nationaux, aliénés en vertu des décrets
» des assemblées nationales. »

1.º Il s'était élevé de grands débats dans les conseils sur l'irrévocabilité qu'on proposait de donner aux anciennes concessions, sous la condition du paiement du *quart de la valeur des biens.* Les uns ont prétendu que cette mesure était inconstitutionnelle, les autres ont soutenu qu'elle présentait encore l'inconvénient de léser les intérêts de l'Etat; d'autres ont pensé que la prudence exigeait qu'on préférât des moyens capables de concilier à-la-fois les droits de la République et les intérêts des particuliers.

Mais toutes ces objections ont été pleinement réfutées.

La forme établie par cet article n'est pas contraire à la constitution : en effet, la constitution de l'an III, article 374, ne portait point qu'aucune cession du *domaine* national ne pourra se faire que par une *adjudication à la chaleur des enchères;* il y est dit seulement que la nation française proclame comme *garantie de la foi publique,* qu'après une *adjudication* ou *après une vente,* etc. (Constitution de l'an VIII, art. 94.) *légalement consommée, de biens nationaux, quelle qu'en soit l'origine, l'acquéreur légitime ne pourra en être dépossédé.* Il n'y est point parlé d'*adjudication à l'enchère;* ainsi le mode de l'adjudication ou de la vente est entièrement laissé, comme disposition purement réglementaire, à la sagesse et à l'autorité du Gouvernement. L'adjudication est donc légale, de quelque manière qu'elle ait été faite, si elle l'est conformément à une loi : le vœu de la constitution est alors rempli : l'acquéreur devient, en vertu de la constitution, propriétaire incommutable.

C'est en vertu de la même autorité, et de la confiance avec laquelle l'acte constitutionnel de l'an III s'en était reposé sur la vigilance du corps législatif, que les conseils ont adopté, par la loi du 28 ventose an IV, un autre mode d'aliénation. Ils étaient d'autant plus fondés à se servir ici de la même liberté, que ce mode ne compromettait en rien les droits de la nation.

L'avantage que le trésor public doit en retirer est incalculable.

Le quart qui doit être payé par le détenteur, ne se prend pas sur le prix de la valeur des biens au temps actuel, mais suivant la valeur des fonds en 1790, ce qui équivaut presque à la moitié du prix véritable des immeubles.

Le détenteur qui veut conserver son domaine, doit encore *renoncer à toute imputation, à toute compensation, à toute distraction de la finance originaire et des améliorations :* ainsi c'est une moitié du prix actuel, ou environ ; mais *quitte et franche de toute réclamation, exempte de toute contestation.* Or, on le demande : dans l'immensité des *domaines*, dont la moitié de la valeur rentrera ainsi dans le trésor public, à quelle somme ne s'élèveraient pas les indemnités ou les répétitions qu'un seul mot de l'article rejette et écarte pour toujours ?

Certes, il n'y a pas à craindre de lésion pour l'Etat.

Une considération plus importante encore a fixé l'attention des conseils. On a dû penser qu'il y aurait des difficultés sans nombre dans la recherche et dans l'examen des titres domaniaux ; qu'il s'élèverait des contestations infinies sur la propriété, sur les localités et sur l'application des titres ; qu'une foule d'engagistes ne manqueraient pas, les uns de se plaindre, les autres de se faire un prétexte du brûlement presque général des titres en l'an II ; qu'il y aurait une foule de procès a entamer, à poursuivre, et qui seraient interminables, faute de pouvoir représenter les titres ; qu'un grand nombre même de détenteurs se plairaient et s'étudieraient à multiplier les chicanes,

G 3

lorsqu'ils auraient l'espoir de se soustraire à l'éviction prononcée contre eux.

Il a donc fallu prévenir tous ces obstacles, et présenter aux détenteurs un appas capable de les déterminer à faire leur déclaration dans le plus court délai, et à préférer le prompt sacrifice d'une portion de la valeur de leurs biens à la crainte d'en perdre un jour la totalité par l'effet de la révocation totale.

2.º Quoique ce délai soit écoulé, la prudence et la sagesse du gouvernement ont déjà rendu nécessaire la prorogation de trois mois accordée par la loi du 16 pluviose an VIII; et les mêmes motifs le détermineront sans doute à accorder une nouvelle prorogation : la difficulté de se procurer les ressources qui étaient regardées comme les plus assurées par les transactions sociales ; la pénurie et la rareté du numéraire ; la nécessité de payer les contributions, dont il faut faire les avances, lorsqu'on n'a point encore récolté ; voilà autant d'obstacles qui se sont opposés jusqu'à présent à l'exécution de la loi; autant de raisons qui exigent cette prorogation, dont la République elle-même retirera le plus grand avantage.

Combien sera-t-il plus utile à l'état de faire un prompt recouvrement des fonds qui rentreront par l'effet de ces déclarations, que de réunir au *domaine*, à l'instant, cette immense quantité de biens, pour attendre le produit lent et incertain de la vente qui en serait faite dans les formes ordinaires !

Dans un moment où la république rassemble avec effort toutes les ressources de ses finances, la balance est-elle égale entre l'abandon qu'elle paraîtra faire d'une partie de ses droits, moyennant le paiement du quart de la valeur des *do-*

maines engagés (il équivaut à plus de la moitié) et l'exercice rigoureux de la pleine révocation et de la revente à l'enchère ?

3.º La *soumission* devra être faite *dans le mois* qui suivra la déclaration : cette soumission sera *irrévocable*, et contiendra l'obligation de payer le quart de la valeur de l'immeuble en numéraire métallique. Ainsi, ce sera un engagement indissoluble, qui ne laissera plus à l'engagiste la liberté de s'y soustraire.

4.º La manière dont la valeur sera fixée est réglée par les articles suivans :

5.º Les lois du 3 septembre 1792 et du 10 frimaire an II, avaient dépossédé les engagistes des biens dont ils jouissaient. Mais la loi du 14 ventose an VII les traite avec plus d'indulgence. « Ceux, » y est-il dit, qui feront la soumission ordonnée, » devront être réintégrés, s'ils ont été dépossédés, » dans le cas où leurs biens seraient encore sous » la main de la nation. »

On sera sans doute étonné qu'une même mesure ait été étendue à tous les détenteurs sans distinction, lorsqu'il peut y avoir entr'eux ou dans la cause de leur jouissance des différences si importantes, soit à cause des sommes qu'ils auront payées, soit par d'autres raisons. Mais dans une loi aussi générale, et dont les effets devaient tout embrasser, on ne s'est occupé d'aucune espèce particulière. (Rapport fait aux anciens par le C. Regnier, p. 28.) Les dispositions de l'article 14 ont été regardées comme une *indulgence* et comme une *grâce*, plutôt que comme un acte de justice rigoureuse ; et les conseils ont pensé que lorsqu'on faisait GRACE A TOUS, aucun engagiste n'avait droit de se plaindre

de voir cette disposition s'étendre à d'autres détenteurs qui pouvaient la mériter moins que lui.

C'est d'après ces vues que la loi ne s'est point
arrêtée au plus ou moins de faveur, dont les différens actes d'aliénation pouvaient paraître susceptibles.

Mais cette faculté générale accordée aux détenteurs des *domaines engagés*, est restreinte dans
quelques bornes par la seconde partie de l'art. 15.

On ne s'est attaché jusqu'à présent qu'au développement des principes de la législation domaniale. On a rappelé dans toute leur force et dans
toute leur pureté, les maximes qui veillent à la
conservation du patrimoine de la république. On
a fait connaître aux engagistes, sans ménagement
et sans complaisance, toutes leurs obligations, et
les dangers auxquels les exposerait un silence im-
prudent.

Mais il est des circonstances où l'intérêt général
et évident de la république oblige de s'écarter de
la rigueur des principes, pour adopter une mesure
plus douce, lorsqu'elle est plus efficace et plus
utile.

La loi du 14 ventose an VII ne renferme-t-elle
pas dans elle-même une des causes de son inexécution ? N'est-ce pas sa sévérité qui s'est opposée
aux avantages qu'elle devait produire ?

En comparant la valeur des fonds en 1790 avec
celle qu'ils ont aujourd'hui, le *quart* à payer par
les engagistes, équivaut à la *moitié* de la valeur
actuelle : le sacrifice est encore plus grand, puisque les engagistes n'auront à répéter, en payant
ce *quart*, aucune des améliorations qu'ils auront
faites.

Des raisons d'intérêt personnel ont sans doute déterminé un grand nombre d'engagistes à garder le silence; mais on ne doit pas être surpris que la baisse actuelle des biens-fonds et la rareté du numéraire n'ayent pas permis aux autres de se faire connaître, et de contracter des obligations qu'ils n'auraient jamais pu remplir.

La république seule en a souffert : les engagistes ont continué de rester en possession de leurs biens sans rien payer.

Jamais, cependant, les circonstances n'ont commandé avec plus d'empire. L'intérêt de la nation est immense : il est proportionnel à l'excès de toutes les déprédations des biens du *domaine*, commises depuis l'ordonnance de 1566.

Si la sévérité de la loi était adoucie; si les moyens de s'acquitter envers la république étaient plus faciles, l'intérêt personnel, qui retient aujourd'hui les engagistes, déterminerait leur obéissance : il activerait, il accélérerait les paiemens, et la république en retirerait plus d'avantages.

PREMIER MOYEN.

Au lieu de soumettre les engagistes au paiement en numéraire de capitaux qu'ils ne pourront réunir, pourquoi ne leur demanderait-on pas des constitutions de rentes foncières envers la république, au moins pour une partie de la somme qu'ils devraient acquitter?

Voilà un revenu certain assuré à la république, revenu d'une perception facile et d'une solidité inaltérable. Le fonds sera toujours la garantie de la rente : il en sera grevé à perpétuité; et ces rentes pourront être vendues dans la forme et suivant la mesure fixée pour toutes celles qui appartiennent à la république.

Tout engagiste préférera de se soumettre au paiement d'une rente, plutôt que de contracter l'obligation de payer dans un temps très-prochain, presque la moitié de la valeur de l'immeuble.

Le recouvrement des capitaux serait sans doute infiniment plus avantageux à la république ; mais il est à craindre qu'une trop grande rigueur ne l'en prive entièrement ; et il faut au moins qu'elle ne perde pas un revenu aussi important.

SECOND MOYEN.

La république peut encore adopter une autre mesure aussi avantageuse.

Elle est grevée d'une dette publique considérable, dont les arrérages qui se paient en Bons, ont la valeur du numéraire, puisqu'ils sont reçus comme tels, dans le paiement des contributions et des patentes : l'extinction de la dette publique sera donc la mesure d'un versement plus considérable et annuel de numéraire dans la trésorerie.

Plus la dette, dont les bons d'arrérages sont les intérêts, diminuera, plus les contributions produiront de numéraire réel et effectif : c'est donc créer un revenu réel et en numéraire, que d'absorber la dette publique.

On pourrait donc autoriser les possesseurs des *domaines engagés* à payer la totalité ou une partie du *quart* en TIERS CONSOLIDÉ ou PROVISOIRE. La portion qu'ils acquitteront ainsi, équivaudra à une extinction proportionnelle de la dette publique : elle la réalisera : ainsi elle opérera une augmentation parfaitement égale des revenus versés dans

les caisses de la république, en *numéraire,* par
le paiement d'une plus grande quantité de numéraire, pour l'acquit des contributions.

Voilà encore un revenu certain, au lieu que
la loi qui oblige de payer le quart en numéraire,
et dans toute sa rigueur, n'a presque rien produit,
et qu'il est encore à craindre qu'elle ne produise
pas davantage.

C'est à la sagesse du gouvernement à peser ces
considérations, et à mettre dans la balance l'in-
térèt pressant et certain de la république, avec
l'espoir, bien difficile à réaliser, d'un avantage plus
considérable.

PARTIE QUATRIÈME.

Déclarations à fournir. Nominations des experts.

ARTICLE XV.

Nomination et choix des experts.

» E_N faisant la soumission énoncée en l'article
» précédent, ils seront tenus de nommer leurs
» experts, et de déposer l'état, signé d'eux ou de
» leur procureur constitué, touchant la consistance
» des biens qu'ils entendent conserver, leur situa-
» tion, leur nature au temps de la concession,
» leur état actuel et leur produit, sans pouvoir
» être reçus à faire leur soumission autrement que
» sur la totalité du *domaine* ou des domaines
» compris dans le même titre ou sur la totalité

» de ce qui reste dans leur possession, le tout à
» peine de nullité de ladite soumission. »

» Le présent article, ainsi que le treiziéme et
» le quatorzième, ne s'appliquent point aux con-
» cessions des forêts au-dessus de 150 hectares,
» ni des terrains enclavés dans les forêts nationales
» ou à 715 mètres d'icelles, sur lesquelles il sera
» définitivement statué par une loi particulière. »

La soumission doit donc réunir plusieurs conditions.

1.° Elle doit contenir la nomination des experts.

2.° Elle doit être accompagnée d'un état signé
des biens que l'engagiste entend conserver.

3.° Cet état doit être détaillé, et présenter la
situation des biens, leur nature, telle qu'elle était
à l'époque de la concession, l'état actuel dans lequel ils se trouvent, et leur produit.

4.° La soumission doit comprendre la totalité
des domaines aliénés par un même titre, ou ce
que l'engagiste se trouve en posséder encore. L'o-
mission d'une seule de ces conditions emporte la
nullité totale de la soumission. Mais il est facile
à l'engagiste de les remplir.

Il est juste que si quelque fraude était commise
dans la déclaration de la consistance ou de la valeur
des terrains concédés, elle soit punie par l'exercice
rigoureux des droits de la nation. La révocation
totale doit être alors prononcée; et cependant le
détenteur est encore admis à réclamer des indemnités, s'il lui en est dû, ainsi qu'on le verra dans
la suite.

Les forêts nationales au-dessus de 150 hectares,
et les terrains qui y sont enclavés, (150 hectares
équivalent à 439 arpens, à 18 pieds la perche; à

294 arpens à 22 pieds la perche, et à 366 arpens à 20 pieds la perche. On a vu que les 715 mètres correspondaient à 366 toises ou 100 perches, mesure de l'ordonnance) ou qui en sont voisins, ont paru des objets trop précieux à conserver au *domaine* pour en provoquer la vente ou pour en abandonner la propriété aux simples citoyens. Les lois des 1.er décembre 1790, et 3 septembre 1792, en avaient assuré la conservation.

ARTICLE XVI.

« La valeur des biens dont il s'agit aux trois articles précédens, sera réglée aux frais de l'engagiste ou échangiste soumissionnaire, par trois experts nommés ; savoir, *l'un par ledit soumissionnaire*, en la forme portée par l'art. XV, le *second, par le directeur* des *domaines ;* et le troisième, par *l'administration centrale*, dans le ressort de laquelle les biens ou la majeure partie d'iceux sont situés. Ces deux derniers experts seront nommés dans la décade de la soumission, à la diligence de la régie des *domaines.*»

Ainsi se réuniront le concours de toutes les parties intéressées et la vigilance des administrateurs chargés, par la loi, de veiller aux intérêts de la nation.

Les frais de l'expertise seront à la charge de l'échangiste ou de l'engagiste, parce qu'ils trouveront assez d'avantage dans la conservation de leur jouissance.

La promptitude avec laquelle devra être faite la nomination des experts pour la nation, annonce assez la nécessité de faire rentrer promptement dans le trésor public les fonds que l'opération doit produire.

Le lieu de la situation des biens, ou au moins de la plus grande partie des terrains qui le composent, déterminera quel est le département dont l'administration centrale devra nommer l'expert de la nation.

ARTICLE XVII.

» Ces experts ne pourront, à peine de nullité,
» être pris parmi les citoyens détenteurs de biens
» nationaux susceptibles de retrait ou dépossédés
» en vertu de la loi du 10 frimaire an II, ou qui
» ont été ci-devant nobles, ou qui sont agens ou
» fermiers desdits détenteurs, ci-devant déten-
» teurs, ou ci-devant nobles.

» Celui qui, étant à sa connaissance, dans l'ex-
» clusion, ne le déclarera pas et procédera à l'es-
» timation, sera condamné à 300 francs d'amende
» par voie de police correctionnelle, à la diligence
» du receveur des domaines, sans préjudice des
» dommages intérêts des parties. »

Cet article établit les qualités et les circonstances qui rendent inhabiles à remplir les fonctions d'expert.

1.° *Le détenteur des biens sujets au rachat.* Ils font cause commune avec l'engagiste qui les aurait nommés, et leur témoignage ne serait pas recevable à cause de leur intérêt personnel.

2.° *Ceux qui ont été dépossédés en vertu de la loi du 10 frimaire an II,* c'est-à-dire des engagistes dépouillés de leur jouissance: ils sont encore plus récusables à cause de l'esprit de ressentiment dont ils pourraient être animés. Il faut des experts dont l'avis ne puisse être influencé par aucune considération particulière.

3.° *Ceux qui ont été ci-devant nobles*. Cette disposition a été abrogée par la loi du 4 nivose an VIII.

4.° *Ceux qui sont agens ou fermiers, soit des détenteurs actuels, soit de ci-devant détenteurs, soit de ci-devant nobles*. La loi manifeste par ces différentes exclusions combien elle veut fortement que les experts prononcent avec une impartialité, qui soit non seulement au dessus de tout soupçon, mais encore à l'abri de toute apparence de prévention et de complaisance envers l'engagiste.

Ces exclusions sont tellement de rigueur qu'un expert qui oserait procéder à une estimation, quoiqu'il fût dans le cas de l'exclusion, encourrait la peine de 300 francs d'amende sans préjudice des dommages intérêts qui seraient dûs aux parties. Ce délit commis par l'expert donnerait lieu à une poursuite criminelle.

Il peut arriver cependant que des experts de bonne foi choisis par les habitans des campagnes, ignorent qu'ils se trouvent dans cette incapacité, Leur igorance devra faire leur justification. Mais comment prouveront-ils qu'ils ont ignoré une loi devenue aussi publique que celle du 14 ventose an VII, surtout lorsqu'il est de principe fondamental que l'ignorance de la loi ne se présume pas ?

Combien d'abus naîtront de la déclaration presque toujours trop tardive de la part des experts, ou de leur ignorance ?

Ces inconvéniens peuvent être facilement prévenus par les administrations centrales : il suffirait de donner aux experts, avant de procéder à l'estimation des biens, la lecture de la loi qui établit ces incapacités. Il ne restera plus alors qu'un seul cas dans lequel l'expert pourrait se trouver incapable sans le savoir ; ce serait s'il avait été fermier d'une personne dont il aurait ignoré la noblesse, ou qu'il n'aurait pas sû être actuellement, ou avoir été détenteur de biens nationaux sujets au retrait.

ARTICLE XVIII.

» Tout détenteur, ou ci-devant détenteur, qui
» sera convaincu d'avoir donné, ou tout expert
» d'avoir reçu, en argent ou présent, quelque chose
» au-delà des vacations réglées par l'administration
» de département, sera, par la même voie et à la
» même diligence, condamné en 1000 francs d'a-
» mende envers la République, et en un empri-
» sonnement qui ne pourra excéder une année,
» ni être moindre de trois mois. »

Il existe deux coupables : la peine doit les frapper tous deux : il n'est pas même nécessaire que l'expert ait donné un avis inspiré par la faveur ou par la séduction : la loi présume le crime dès qu'elle en voit recevoir la récompense ; elle prononce également des peines contre celui qui en paie le salaire et contre celui qui le reçoit.

C'est à l'administration du département à régler les vacations des experts ; mais la fixation de leur prix est arbitraire.

Les procédures se feront au tribunal de police correctionnelle, à la requête du receveur des domaines.

L'amende n'est point susceptible d'être modérée, mais le temps d'emprisonnement est laissé à la

discrétion

discrétion des juges ; ils peuvent l'abréger ou le prolonger, pourvu que leur indulgence ou leur sévérité se renferment dans les bornes déterminées par la loi.

L'expertise sera-t-elle déclarée nulle dans le cas où un seul expert sera coupable d'avoir reçu un présent au-delà de ses vacations ?

Elle ne l'est pas de plein droit ; la loi est muette à cet égard ; et une nullité ne peut pas se suppléer.

Mais si les trois experts, ou seulement deux d'entre eux, ont accepté un présent ou de l'argent, au-delà de leurs vacations, l'expertise devra-t-elle être annullée ? Il est sensible que les circonstances détermineront à en prononcer la nullité. Comment la République pourrait-elle se soumettre à un jugement prononcé par des ames vénales dont le suffrage contraire à ses intérêts aurait été payé, et dont les tribunaux sont obligés de punir le crime ?

PARTIE CINQUIÈME.

De l'estimation.

ARTICLE XIX.

« Il sera procédé à l'estimation de la manière
» qui suit :
» *Pour les maisons, usines, cours et jardins*
» *en dépendant.*
» Par une première opération, les experts les
» estimeront d'après leurs connaissances locales,

Des Domaines engagés. H

» et relativement au prix actuel commun des biens
» dans le lieu ou les environs.

» Par une seconde, *relativement au prix com-*
» *mun en* 1790, en formant un capital de seize
» fois le revenu dont lesdits objets étaient suscep-
» tibles, *sans considérer les baux à ferme ou à*
» *loyer*, s'ils ne s'élevaient pas au véritable prix.

» Par une troisième; s'il y avait des baux en 1790,
» lesdites maisons et usines, les cours et jardins
» en dépendant, seront évalués sur le pied de leur
» valeur en 1790, calculée à raison de *seize fois*
» le revenu net.

» *Et pour les terres labourables, prés, bois,*
» *vignes et tous autres terrains.*

» Par une première opération ; les experts es-
» timeront la valeur d'après leurs connaissances
» locales, et relativement au prix commun actuel
» des biens de même nature dans le lieu ou les
» environs.

» Par une seconde ; ils estimeront la valeur
» *d'après le montant de la contribution foncière*
» *de* 1793, en prenant pour revenu net d'une
» année quatre fois le montant de cette contri-
» bution, et en multipliant la somme par vingt.

» Et par une troisième ; s'il y avait des baux
» existant en 1790, la valeur sera fixée sur le prix
» de la même année, et évaluée à raison de *vingt*
» *fois le revenu*, d'après lesdits baux.

» A l'égard de ce dernier cas et de ceux non
» prévus ci-dessus, les experts se conformeront
» au § III de la loi en forme d'instruction du 6
» floréal an IV, relative à l'éxécution de celle du
» 28 ventose précédent.

» Les experts motiveront leur rapport sur cha-
» cune des bases ; et les administrations, dans leurs

« » arrêtés en énonceront les résultats, se fixeront
« » à celui qui sera le plus avantageux pour la Ré-
« » publique, et en feront mention expresse, le tout
« » à peine de nullité. »

Deux modes différens d'estimation sont établis.

Le premier, pour les maisons, usines, cours et jardins en dépendant.

Le second, pour les terres labourables, prés, bois vignes et autres terrains.

Il doit être fait pour ces deux genres d'estimation, trois opérations dont le but est de procurer les bases les plus justes, afin de déterminer la valeur des biens.

I.

La première opération est uniforme pour toutes les espèces de biens : les connaissances personnelles des experts, et la valeur commune actuelle des biens dans le même lieu ou dans les environs.

I I.

La seconde opération n'est pas la même dans tous les cas.

Pour les *maisons, usines etc.*, si les baux existant en 1790, s'élèvent au véritable revenu que ces biens devaient produire alors, ils servent de renseignement ; s'ils sont au-dessous de cette valeur, on n'y doit avoir aucun égard : on fixe alors le revenu véritable de 1790 ; on en forme un capital de *seize fois* ce revenu, et voilà le *prix commun de* 1790.

A l'égard des *terres labourables,* 1.º la contribution foncière de 1793 ayant été portée au quart

du revenu des biens, tel qu'il avait été fixé par les états de sections faits en 1790 et en 1791, le quadruple de l'imposition à cette contribution, est précisément le revenu net annuel de 1790; et sa multiplication par vingt, donne la véritable valeur des fonds en 1790.

Ce procédé est d'autant plus commode que l'estimation se trouve faite ainsi depuis long-temps : il ne reste que des règles de multiplication à faire, et on ne craint point de s'égarer.

La troisième opération présente les mêmes procédés, et des résultats différens : on consulte les baux existans en 1790 : les *maisons, usines, etc.* sont estimées sur le pied de *seize* fois le revenu net : les terres labourables, prés, etc. sont évalués à raison de *vingt* fois le revenu : si les baux sont supérieurs à l'évaluation fixée dans les états de section, et portée sur la matrice du rôle, il en résulte un capital beaucoup plus fort, et toujours calculé à raison de vingt fois le revenu.

Les résultats de ces trois sortes d'opérations donneront des produits bien différens.

1.º Le taux ou le cours des biens-fonds varie suivant les pays : à Paris et aux environs, ils éprouvent une baisse qui est presque de la moitié de leur valeur ancienne; en d'autres départemens, ils n'ont perdu qu'une très faible partie de leur ancien prix ;

2.º La contribution foncière annonçait souvent un revenu beaucoup inférieur au revenu véritable justifié par les baux, et souvent elle fixait le revenu au-delà de sa réalité.

Les experts présenteront la différence de ces résultats, et celui qui donnera le produit le plus avantageux à la République, devra toujours

être préféré : c'est une règle établie sans exception, et à laquelle les experts doivent se conformer sous peine de nullité.

Observons qu'il ne s'agit pas ici de vendre les
domaines : les articles suivans donneront d'autres
règles pour les adjudications. La loi ne se propose
dans celui-ci que de s'assurer du QUART *véritable*
de la valeur des biens dont elle confirme la propriété ; mais elle veut recevoir ce QUART *dans toute*
sa force et dans toute son intégrité. Voila le motif de toutes les précautions adoptées par les conseils, et malgré lesquelles il se glissera encore un
grand nombre d'abus.

La loi ordonne enfin aux administrateurs de se
conformer à l'instruction portée en l'article V de
la loi du 6 floréal an III, rendue pour l'exécution
de la loi du 28 ventose précédent, portant création des mandats territoriaux. (1).

PARTIE SIXIÈME.

Paiement du quart.

ARTICLE XX.

« L*E quart* de la valeur du terrain estimé d'après
» les règles portées en l'article précédent sera ac-
» quitté *dans le mois de la date de l'arrêté* de
» l'administration qui en aura fixé le montant
» d'après le rapport des experts, savoir : *un tiers*

---

(1) Cette instruction est placée à la fin de cet ouvrage.

» *en numéraire* et les *deux autres tiers en obli-*
» *gations* ou cédules, acquittables aussi en numé-
» raire, savoir un tiers *dans deux mois*, à courir
» de l'expiration du premier terme ; et l'autre tiers
» aussi *dans deux mois* à courir de l'expiration
» du second terme, le tout avec intérêt sur le
» pied de cinq pour cent par an, à compter du
» jour *de la prise de possession*, à l'égard de ceux
» qui avaient cessé d'être détenteurs ; et à compter
» du jour *de l'arreté ci - dessus à l'égard des*
» *autres.* »

Il a été accordé par l'aticle XIII aux engagistes et aux échangistes un mois pour faire la déclaration générale des fonds dont ils jouissent.

Un second mois leur est donné par l'article XIV, pour faire leur soumission et nommer leur expert.

C'et dans la décade de cette soumission que les experts doivent être nommés par la régie des domaines.

La loi n'a pas fixé le délai dans lequel les experts devaient faire leur estimation, ni celui dans lequel la fixation de la valeur des biens devait être arrêtée par l'administration départementale. Elle s'en est reposée, à cet égard sur le zèle des experts et sur la vigilance des administrations.

Mais c'est dans le mois à compter de la date de l'arrêté qui aura fixé la valeur des domaines d'après le rapport des experts, que le quart de la valeur devra être payé.

Le paiement sera fait tout en numéraire, savoir : un tiers comptant, un tiers dans deux mois après le premier paiement, et le dernier tiers, dans quatre mois à partié de la même époque ; il sera fait des obligations pour les deux derniers paiemens.

Les intérêts à cinq pour cent auront cours à à compter de l'arrêté du département, pour ceux qui n'ont pas cessé de jouir de leur bien, et à compter du jour de la dépossession, à l'égard de ceux qui en avaient été dépossédés par l'effet des lois de 1792 et 1793.

Tous les délais fixés par les articles ci-dessus étant expirés; les motifs qu'on a déjà exposés donneront nécessairement lieu à une prorogation sans laquelle la loi se trouverait avoir manqué le but qu'elle s'est proposé.

Article XXI.

« Aussitôt après la soumission autorisée par les » articles XIV et XV, le soumissionnaire pourra » vendre des biens compris en la soumission, pour » payer le quart de l'estimation à régler d'après » l'article XIX ; mais à la charge d'imposer à l'ac- » quéreur la condition expresse de verser en nu- » méraire, dans la caisse du receveur des domaines » nationaux, dans les délais fixés par l'article pré- » cédent, le prix de son acquisition jusqu'à con- » currence de ce qui sera dû à la République » pour le montant de ladite estimation. Le verse- » ment sera fait nonobstant toutes oppositions qui » pourraient avoir lieu entre les mains des acqué- » reurs ; au moyen de quoi ceux-ci demeureront » subrogés aux droits de propriété de la nation, » et affranchis des hypothèques du chef de leur » vendeur, comme les acquéreurs de domaines » nationaux.

» Néanmoins, si le prix de la vente faite par » l'engagiste était inférieur au montant de l'esti- » mation ordonnée par l'article XIX , la Républi-

» blique conservera pour l'excédent son privilége
» et son hypothèque, même sur la chose vendue
» jusqu'au paiement intégral du quart dû par
» l'engagiste, sans être tenue de poursuivre l'ins-
» cription de sa créance aux registre public de la
» conservation des hypothèques. »

Dès que l'engagiste ou échangiste aura fait la déclaration de ses biens et la soumission à laquelle il était autorisé, il aura acquis la libre disposition de la propriété de ces mêmes biens, parce qu'aux termes de l'article XV, sa soumission est irrévocable.

L'effet de cette soumission est aussitôt assuré à la nation, non-seulement sur la totalité du bien domanial déclaré, mais encore par une hypothèque légale et générale sur tous les biens, même patrimoniaux, de l'engagiste. Par une conséquence nécessaire de ce principe, les aliénations postérieures que l'engagiste pourrait faire, sont incapables de nuire aux intérêts de l'État ; cependant il a été pris quelques précautions utiles.

Si le soumissionnaire vend la totalité ou une partie des biens compris dans la soumission ; il doit obliger son acquéreur à remplir les obligations qu'il a lui même contractées envers la nation, c'est-à-dire à payer à la régie du domaine ce qu'il doit à la République, et dans les mêmes termes.

Au surplus, quelques stipulations particulières que le vendeur ait pu faire avec l'acquéreur, celui-ci sera tenu de verser dans la caisse de la nation tout son prix jusqu'à concurrence de la somme dûe par le vendeur : rien ne pourra l'en dispenser. Les oppositions qui seraient formées entre ses mains par les créanciers du vendeur, ne devront pas l'arrêter, parceque la République est créancière privilégiée à cause de ses droits de propriété, et que le privilége du propriétaire prime tous les autres.

Ce versement fait par l'acquéreur à la République, comme ancien et véritable propriétaire, produira deux effets. Le premier sera de décharger l'acquéreur de toutes les oppositions qui auront pû être formées. Le second, de le subroger aux droits de propriété de la nation, avec exemption et avec un affranchissement complet de toutes les hypothéques du chef du vendeur. Cet acquéreur possédera donc d'une manière aussi libre que tous les autres acquéreurs des domaines nationaux.

Toute personne qui fera l'acquisition d'un *domaine* déclaré et soumissionné par un engagiste ou échangiste, devra donc retenir entre ses mains les sommes nécessaires pour acquitter la totalité du quart dû par le vendeur. Il est de son grand intérêt de ne se désaisir envers le vendeur, que de ce qui pourra excéder la valeur du quart. Si l'acquisition comprend seulement une partie du *domaine* déclaré et soumissionné ; la prudence exigera que l'acquéreur ne paie rien au vendeur qu'après s'être assuré du paiement du *quart* à la nation, ou après y avoir pourvu en s'en chargeant lui-même : autrement il s'exposerait à payer deux fois.

Il peut arriver que l'engagiste soumissionnaire profitant de la liberté d'aliéner, vende le *domaine* à un prix inférieur à l'estimation ; la République n'en souffrira point ; elle conservera son gage jusqu'au paiement intégral du *quart,* parce que le vendeur n'a pu nuire à ses droits. Comme la nation n'accorde pas de privilége contre elle-même, elle n'aura pas besoin de faire inscrire sa créance dans les bureaux des hypothéques pour assurer la conservation de son privilége.

Ces dispositions ne présentent que l'application des principes qui ont été reconnus dans tous les temps.

Le *domaine* vendu ne sera affranchi des hypothéques du vendeur, que jusqu'à concurrence des droits à exercer par la nation, et de la somme que l'acquéreur aura payée à la République. Ainsi supposons un *domaine* estimé 80,000 francs et vendu 60,000 fr., le quart est de 20,000 fr. : l'acquéreur ne sera donc grévé des hypothéques du vendeur, que jusqu'à concurrence de 40,000 fr. ; au contraire l'acquéreur d'une partie du même *domaine* moyennant 20,000 francs, et qui aura été chargé de les verser dans la caisse de la régie, sera entièrement libre de toute autre hypothéque.

PARTIE SEPTIÈME.

Révocation prononcée contre ceux qui ne feront pas leur déclaration.

ARTICLE XXII.

« A l'égard de tous engagistes ou échangistes
» non maintenus et qui n'auraient pas fait la déclara-
» tion prescrite par l'article XIII de la présente,
» ou qui après l'avoir faite, ne se seraient pas
» présentés pour faire la soumission autorisée par
» les articles XIV et XV ; la régie des domaines
» nationaux immédiatement après l'expiration du

» mois qui suivra la publication de la présente,
» en ce qui concerne les premiers ; ou du mois
» qui suivra la déclaration non suivie de soumis-
» sion, en ce qui concerne les seconds ; LEUR FERA
» SIGNIFIER *copie des titres primitifs, récogni-*
» *tifs ou enonciatifs*, tendant à établir les droits
» de la nation, avec déclaration que dans le délai
» d'un mois à dater de la signification, elle pour-
» suivra la vente des biens y énoncés, lesquels
» ne pourront être des biens qui auraient été sou-
» missionnés en exécution de la loi du 28 ventose
» an IV et autres y relatives.

» Elle les interpellera par le même acte, de nom-
» mer, dans la décade, un expert pour procéder
» aux opérations préparatoires ci-après détaillées,
» conjointement avec l'expert qui sera nommé par
» la régie, et celui qui le sera par l'administration
» centrale du département de la situation des
» biens. »

L'ensemble et les dispositions particulières de
la loi font reconnaître qu'elle s'est proposé deux
grands objets. Son but n'a pas été seulement de
faire rentrer dans le trésor public des sommes
immenses, à une époque à laquelle il lui est si
important de rassembler toutes ses ressources :
elle a voulu encore, pour se servir des expressions
tant de fois répétées dans les rapports faits aux
conseils, user d'indulgence, et accorder une grâce
spéciale à ceux qui jouissaient de ces *domaines*
depuis long-temps, et dont la possession pouvait
être accompagnée de bonne foi.

Dans les articles précédens, tantôt elle leur
accorde une *faculté*, tantôt elle *autorise* leur soumission. tantôt elle dit *qu'ils pourront* ou *qu'ils
seront admis*, etc. Ainsi elle n'emploie jamais à

leur égard, que des termes facultatifs. C'est effectivement une faveur que de pouvoir conserver, moyennant le paiement d'une portion de sa valeur, un domaine que la république a le droit de reprendre en totalité.

Il est donc libre à tous de profiter de la faculté qui leur est donnée. Ceux qui ne l'exerceront pas devront s'attendre à voir la république exercer ses droits dans toute leur rigueur, ainsi que l'annonce l'article XXII.

Comme il s'agit d'établir un droit de propriété, et de dépouiller les détenteurs de leur jouissance, la république est chargée de faire la preuve de la domanialité. Elle devra établir, 1.° que le bien est domanial; 2.° qu'il a été distrait du *domaine* par un engagement, ou qu'il a été concédé ou aliéné, soit depuis 1566, soit depuis la réunion faite postérieurement des grands fiefs au *domaine* public. Cette preuve pourra résulter de trois sortes de titres, les *titres primitifs*, les *titres recognitifs*, et les *titres énonciatifs*.

1.° Le titre *primitif* est incontestable. Il fait, à lui seul, la preuve complète de la nature du bien et de la date de sa concession. C'est le contrat formé entre le *domaine* et le détenteur. Il fait la loi des parties.

2.° Les titres *recognitifs* sont des actes émanés des engagistes, des aliénataires ou des concessionnaires. Ils peuvent remplacer des titres primitifs et y suppléer, parce qu'ils sont présumés n'avoir été faits qu'après la connaissance des titres primitifs, et par les personnes les plus intéressées à les méconnaître ou à les combattre.

3.° Les titres *énonciatifs* sont bien différens; il y en a dans lesquels on ne trouve ni l'authenticité du titre *primitif*, ni la force du titre *recognitif*.

Quelle force, en effet, pourrait avoir un titre ou une pièce qui ne renfermerait qu'une simple énonciation? Quelquefois ce sera un titre étranger à la personne qui possède, peut-être même à la république qui réclame. Il est de principe qu'on ne peut être lié par des actes passés entre des tiers; autrement il n'y aurait pas un citoyen qui pût être tranquille, ni une propriété qui pût être assurée. Ce serait ouvrir la porte à toutes sortes de vexations et d'injustices.

Il faut donc faire, entre les titres *énonciatifs*, une distinction importante.

1.º Il est de principe que les actes authentiques qui font foi contre les personnes qui y étaient parties, contre leurs héritiers et ceux qui sont en leurs droits, produisent leur effet pour *tout le dispositif de l'acte*, c'est à-dire pour tout ce que les parties ont eu en vue, et qui a fait l'objet de l'acte. (1) C'est là ce que les parties ont voulu, c'est là ce qu'elles ont exprimé.

Les actes font encore une foi entière de ce qui est exprimé en *termes énonciatifs*, mais seulement lorsque les énonciations émanées de l'une des parties ont trait à la disposition de l'acte lui-même. Ainsi une reconnaissance faite par Pierre, que sa maison est chargée envers Paul d'une rente annuelle de 100 francs, dont les *arrérages lui ont été payés jusqu'à ce jour*, et qu'il s'oblige de lui continuer, ne contient qu'une *énonciation* du paiement des arrérages; mais cette *énonciation* opère contre Paul, qui était partie dans l'acte, une preuve complète du paiement, parce qu'elle a trait au dispositif de l'acte, et qu'il devait être question

____

(1) Pothier, *des Obligations*, n.º 735.

dans l'acte, des arrérages qui étaient effectivement dûs. (1)

2.º Quant aux énonciations insérées dans un acte, mais qui sont absolument *étrangeres à son dispositif*, elles ne font point une preuve entière, même contre ceux qui ont été parties dans l'acte, parce qu'elles n'avaient point d'intérêt à s'y opposer. Dumoulin établit cette vérité avec le caractère de force dont tous ses ouvrages portent l'empreinte. (2)

Ceci deviendra plus sensible en présentant une espèce absolument semblable à celle dans laquelle se trouveront les engagistes. Supposons un contrat de vente fait par Pierre : il y annonce que cet héritage lui vient de la succession de Jacques. Un tiers qui se prétend héritier de Jacques en partie, et qui forme sa demande en revendication d'une portion de cet héritage contre l'acquéreur, sera-t-il reçu à présenter cette seule énonciation insérée dans le contrat, comme une preuve suffisante et démonstrative que l'héritage dépendait effectivement de cette succession? Un cri général l'y déclarera non-recevable. Cette énonciation ne fera point preuve contre l'acquéreur, parce qu'elle est *étrangère à la disposition dé l'acte*, et que l'acquéreur n'avait aucun intérêt à s'y opposer.

Il en est de même à l'égard des droits de la république. Des titres *simplement énonciatifs* sont in-

____

(1) Pothier, *ibidem*, n.º 735.

(2) *Secus, si de enunciativis et præsumptionibus instrumenti, per se principaliter seorsum a principali actu disputaretur : tunc enim tale instrumentum non facit plenam fidem, sed solum præsumptionem, vel semi plenam probationem etiam inter easdem partes..... Inter extraneos : illis non præjudicat, quia res inter alios acta non nocet, nec obligat, nec facit jus inter alios.* Mol, tit. I, part. 8, n.º 10.

capables de lui donner une action sans le consentement des parties. Or, il n'y a point de consentement toutes les fois qu'une partie n'a pas été présente dans un acte, ou qu'elle n'a pas eu intérêt de s'opposer à une énonciation qui n'est pas relative à la disposition de l'acte.

3.° Quelle sera donc la circonstance dans laquelle les titres *énonciatifs* pourront être admis ? C'est lorsque ces énonciations contenues dans des titres anciens, sont soutenues *par une longue possession. In antiquis enunciativa probant.* La jurisprudence féodale en offrait un exemple dans les coutumes qui n'admettaient aucun franc aleu sans titre. S'il avait été déclaré par les anciens contrats de l'acquisition d'un héritage *qu'il était en franc aleu* (1), cette énonciation aurait fait foi contre le seigneur dans l'enclave duquel il se trouve, si ce seigneur n'en avait pas été reconnu.

De même s'il est annoncé, dans un titre ancien, qu'un héritage faisait partie du *domaine*, et que la possession réponde à cette énonciation, le *titre énonciatif* pourra être opposé avec succès, en suivant les mêmes principes.

Si, au contraire, la possession n'a point répondu à cette énonciation, on devra juger, suivant les maximes anciennes, que cette *énonciation* isolée est incapable d'opérer une preuve.

Telles sont les bases de la distinction à faire entre les titres *énonciatifs* : elles sont puisées dans la raison et dans la justice; elles paraissent devoir servir de guides dans l'application des expressions aussi générales de la loi.

______

(1) Pothier, *ibidem*, n.° 736.

Il faudra encore examiner l'énonciation portée dans le titre même ancien. La révocation ne doit avoir lieu que pour les domaines aliénés depuis l'ordonnance de 1566. C'est à la régie des domaines à faire la preuve que l'aliénation est postérieure à cette époque. Il faut donc rechercher si l'*énonciation* pourra faire présumer une époque plus ancienne, ou si elle ne devra se rapporter qu'à un temps plus récent. On sent combien cette matière devra présenter de difficultés, et combien de contestations elle pourra entraîner; mais leur décision devra toujours être fondée sur les principes généraux qui servent de règle dans l'interprétation et dans l'explication des titres, dans toutes les matières du droit civil.

La régie des domaines devra faire signifier avec la copie des titres, que, dans le délai d'un mois, à dater de la signification, elle poursuivra la vente des biens, et elle interpellera les détenteurs de nommer un expert dans la décade. Les délais accordés par les art. XIII et XIV, pour faire la déclaration et la soumission, sont de rigueur. Il n'y a pas lieu de croire, en effet, qu'un grand nombre de détenteurs qui se verront dans le cas de la révocation, ne se mettent pas en état de profiter de la faculté qui leur est accordée, à moins que le défaut de moyens et la position de leur fortune ne s'y opposent entièrement. Il peut résulter de leur conduite des conséquences trop importantes pour leur fortune. Ils auront encore plus de facilités pour conserver leurs biens, si le gouvernement adoptait les moyens qu'on a cru devoir proposer. (Voyez l'art. XIV.)

S'ils se déterminent à soumissionner leurs biens, ils les conserveront, en payant environ la moitié

de

de leur valeur actuelle. S'ils y renoncent, non-seulement ils en seront dépouillés pour la totalité, mais encore ils auront à rendre compte des fruits, depuis et compris l'année 1791, c'est-à-dire depuis huit ans. Ils auront donc à payer, sans rien conserver, à-peu-près autant que ceux qui auront soumissionné ; autant à verser dans les caisses publiques, pour être maintenus dans la propriété de leurs biens. La différence est du tout au tout.

La loi fait une exception à l'égard des biens soumissionnés en vertu de la loi du 28 ventose an IV, et des autres lois y relatives. Ces biens ont été aliénés en vertu de la loi qui portait création de 2,400,000,000 liv. de mandats territoriaux ; ils se trouvent placés au nombre de ceux dont l'aliénation est faite en vertu des décrets des assemblées nationales, et dont la possession est garantie aux acquéreurs.

ARTICLE XXIII.

« Ces experts procéderont, dans les deux dé-
» cades suivantes, à la vue des titres, mémoires
» et renseignemens qui leur seront respectivement
» remis, 1.° à l'estimation du capital, d'après les
» règles posées en l'article XIX ; 2.° à l'estimation
» du revenu annuel ; 3.° à celle des améliorations,
» s'il y en a, en observant qu'elles ne doivent être
» estimées que jusqu'à concurrence de la valeur
» dont les biens se trouvent augmentés ; 4.° à l'é-
» valuation des dégradations, s'il y a lieu ; 5.° en-
» fin, à l'estimation des fruits perçus et recueillis
» par le ci-devant détenteur, depuis et compris
» l'année 1791, à moins qu'il ne justifie avoir fait

» la déclaration prescrite par la loi du 1.er décem-
» bre 1790.

» Les experts distingueront chacune de ces opé-
» rations dans leur rapport. Si l'engagiste avait né-
» gligé d'un nommer un , ou si son expert nommé
» ne se réunissoit point aux autres, au jour indiqué
» par la sommation, il sera passé outre par ceux-ci. »

Il ne s'agit , dans plusieurs des articles suivans ,
que des moyens de rigueur. La loi s'y propose également de connaître la valeur des biens dont elle va
ordonner la vente , et de faire constater les resti-
tutions dues par l'engagiste qui n'a pas profité de
la faculté de conserver, en payant le *quart*, en
même-temps qu'elle s'occupe du soin de régler le
paiement des indemnités auxquelles il peut avoir
droit.

Les experts devront , dans les deux décades qui
suivront leur nomination , procéder à l'examen des
titres , mémoires et renseignemens qui leur seront
remis par la régie des domaines et par les détenteurs.
Les experts n'auront point à s'occuper des questions de propriété, ni de celles relatives à la liquidation des droits des parties : elles ne sont pas de
leur ressort ; mais cinq objets devront fixer toute
leur attention.

1.º Quant au fonds de l'immeuble , ils auront à
se conformer aux régles établies par l'art. XIX ci-
desssus , avec les distinctions et les exceptions qui
y sont détaillées. Le but de cette estimation sera de
fixer la somme de la *mise à prix* de l'immeuble
pour en préparer les enchères.

2.º Ils estimeront le revenu annuel par deux
motifs ; 1.º parce que la mise à prix devra comprendre un certain nombre de fois le revenu, suivant la
nature des biens ; 2.º parce qu'il faudra liquider la

quotité des fruits et des revenus dont l'engagiste devra faire la restitution à la nation.

3.º Ils régleront la valeur des améliorations, s'il y en a; mais comme elles auront été faites sur un fonds qui est jugé n'avoir pas appartenu à l'engagiste, elles ne seront pas réglées d'après les dépenses qu'elles auront entraînées, mais seulement sur l'augmentation de valeur que l'immeuble en aura reçue.

4.º Les dégradations devront être évaluées, s'il en a été commis quelques-unes; il pourra y avoir *compensation* des dégradations avec les améliorations, lors de la liquidation définitive des indemnités; mais les experts ne doivent confondre aucune de ces opérations; ils doivent les faire séparément et en présenter les résultats par des chapitres particuliers.

5.º Ils devront estimer les fruits *perçus et recueillis* par le détenteur, depuis et compris l'année 1791. A cet égard, il sera de leur devoir de retrancher toutes les impositions dont les biens ont été grévés, de faire les distinctions des bonnes et mauvaises années, et sur-tout de se bien convaincre du principe, qu'il ne s'agit pas de faire rendre par l'engagiste des fruits dont la quotité serait réglée par le revenu annuel qu'ils auront estimé, mais que la république ne demande à reprendre que les fruits perçus et recueillis.

S'il existe donc des états de régie, des comptes, des registres de recette et dépense, et d'autres documens qui puissent conduire à la connaissance de la véritable quotité et de la vraie valeur de ces fruits, les experts devront les saisir. Les tems désastreux du *maximum* et du *papier-monnaie* devront aussi entrer dans leur calcul. La disposition de la loi est trop sévère contre l'ancien détenteur, pour qu'on puisse se permettre d'en étendre encore la rigueur.

Combien seraient à plaindre ceux des anciens détenteurs qui ne pourraient pas se procurer la somme nécessaire pour payer le quart de la valeur de leur domaine, puisqu'en perdant le droit d'en jouir, ils auront à rendre tout-à-coup huit années de fruits qu'ils auront consommés !

. Ceux qui auront fait la déclaration de leur bien, conformément à la loi du 1.ᵉʳ décembre 1790, et qui en justifieront, seront exempts de cette restitution, parce qu'ils seront censés avoir joui du consentement de la nation.

Rien ne pourra retarder les opérations des experts. Le refus même du détenteur, de nommer un expert, ou les retards apportés par celui qu'il aura nommé, ne seront point un obstacle. Si son expert ne se réunit point aux autres, au jour indiqué, les deux autres experts feront leurs opérations.

Ces réflexions recevront également leur application après l'expiration de la prorogation des délais.

ARTICLE XXIV.

« Les articles XVII et XVIII de la présente
» s'appliquent aux experts qui seront nommés en
» vertu de la disposition de l'article précédent. »

Ces articles sont relatifs aux incapacités personnelles des experts, et aux peines prononcées contre ceux qui se laisseraient séduire, ou qui accepteraient plus qu'il ne leur aura été alloué pour leurs vacations.

A R T I C L E X X V.

« Après la remise du rapport des experts, et
» toutefois après l'expiration du délai d'un mois,
» à dater de la signification prescrite par l'article
» XXII, les biens seront mis en vente par affiches
» et enchères, faites conformément aux lois des 16
» brumaire an V et 23 vendémiaire dernier.

» En conséquence, la première mise à prix des
» biens ruraux sera de huit fois le revenu annuel;
» celle des maisons, bâtimens et usines, servant
» uniquement à l'habitation, et non dépendans de
» fonds de terre, sera de six fois le revenu annuel. »

Le délai d'un mois après lequel les biens doivent
être mis en vente, court toujours à compter de la
signification des titres de la nation à l'engagiste.
Ce délai n'a pas pour but de lui donner le temps
de faire sa déclaration ou une soumission; mais il
est nécessaire, pour donner aux acquéreurs le
temps de connaître les biens à vendre et de faire
leurs arrangemens, afin de se procurer les moyens
d'en réaliser le paiement.

Les biens sont vendus à la chaleur des enchères,
et conformément aux lois des 16 brumaire an V et
26 vendémiaire an VII. (1)

La mise à prix devra distinguer les biens ruraux

---

(1) Ces ventes seront faites par les administrations de département, quinzaine après l'affiche, sur enchères reçues de la manière
réglée par les lois antérieures à celle du 28 ventose, et suivant les
bases d'évaluation et le mode de paiement ci-après déterminés.

Les enchères seront ouvertes sur une première offre égale aux
trois quarts de l'évaluation des biens estimés en vertu des lois précédentes.

(Voyez, à la fin, la loi du 26 vendémiaire an VII.)

et les maisons, bâtimens et usines, puisque son taux doit être aussi différent suivant la nature des biens.

La mise à prix n'est faite à un taux aussi bas, que pour attirer les concurrens et exciter la chaleur des enchères.

ARTICLE XXVI.

« Si après l'adjudication faite dans les délais et
» formes ci-dessus, le ci-devant détenteur élevait
» quelques prétentions relatives à la propriété,
» elles se résoudront de plein droit en indemnités
» sur le trésor public, s'il y échet· »

Lorsque les domaines nationaux ont été une fois vendus dans la forme adoptée par les lois, la propriété irrévocable en est transmise aux acquéreurs. C'est en vain qu'un ancien propriétaire réclame les droits de propriété, si toutes les formes ont été d'ailleurs remplies; il n'a plus droit qu'à une créance sur le trésor public. Telle est la règle générale à laquelle il n'a pas été fait, jusqu'à présent, une seule exception connue. Elle forme l'article 94 de la constitution, et elle était établie par l'article 374 de la constitution de l'an III (1); elle se trouve même encore confirmée par l'article II de la loi du 16 pluviose an VIII, qui exclut de ses dispositions les domaines engagés vendus depuis la déchéance des engagistes ou des échangistes.

---

(1) La nation française proclame pareillement, comme garantie de la foi publique, qu'après une adjudication légalement consommée de biens nationaux, quelle qu'en soit l'origine, l'acquéreur ne peut en être dépossédé, sauf aux tiers réclamans à être, s'il y a lieu, indemnisés par le trésor national.

Article XXVII.

« Si dans le mois qui suivra la signification des
» titres, le détenteur les soutient inapplicables ou
» insuffisans, ou s'il prétend être placé dans les
» exceptions de la présente, ou si de toute autre
» manière il s'élève des débats sur la propriété, il
» y sera prononcé par les tribunaux, après néan-
» moins qu'on se sera adressé, par voie de mé-
» moires, aux corps administratifs, conformément
» à la loi du 5 novembre 1790 ; mais en ce cas,
» soit le tribunal de première instance, soit celui
» d'appel, devront chacun, en ce qui les concerne,
» procéder au jugement sur simples mémoires res-
» pectivement remis dans le mois, à dater de l'ex-
» piration des délais ordinaires de la citation. »

Le propriétaire est non-recevable à exercer les
droits de propriété sur l'immeuble, lorsqu'il aura
été une fois adjugé ; mais la loi lui laisse l'intervalle d'un mois après la signification des titres,
pour les contredire, pour les faire déclarer inapli-
cables ou insuffisans, ou pour réclamer les exceptions dans lesquelles il peut se trouver. Ces questions de propriété seront portées d'abord devant
les corps administratifs, c'est-à-dire dans les administrations de département, par voie de mémoires.

Après la décision rendue par l'administration,
les détenteurs et le commissaire du pouvoir exécutif auront le droit de se pourvoir devant les tribunaux ordinaires. La contestation n'y sera point
portée à l'audience ; il n'y aura point de plaidoyers.
De simples mémoires seront remis respectivement
aux juges, et ceux-ci devront prononcer dans le
mois, à dater de l'expiration des délais ordinaires
de la citation.

Il est permis aux parties respectivement d'inter-
jéter appel du premier jugement. La cause portée
au tribunal qui devra prononcer en dernier ressort,
y sera également instruite et jugée sur simples mémoires, et dans les délais semblables à ceux qui
auront dû être suivis dans le tribunal de première
instance.

La loi ne dit point si ces débats suspendront les
opérations des experts; mais il y a lieu de penser
qu'elles ne devront se faire qu'après le jugement,
puisque le droit de reprendre ces biens comme domaniaux, de la part de la nation, ne sera certain
qu'à cette époque.

ARTICLE XXVIII.

« Il n'est rien changé, par la présente, aux at-
» tributions de l'autorité administrative, en ce qui
» concerne purement et simplement les liquida-
» tions des droits et créances prétendus par des
» particuliers envers la république. »

Les tribunaux n'auront ainsi à prononcer que
sur les droits et les questions de propriété qui sont
essentiellement de leur ressort : toutes les autres
demandes relatives aux améliorations, aux indemnités, à la liquidation des fruits, et en général à
toute espèce de droits et de créances à exercer
contre la nation, ne sont point de leur compétence.
Ces objets sont compris dans les attributions données aux autorités administratives, qui sont spécialement et uniquement chargées de ces liquidations.

ARTICLE XXIX.

« Il sera procédé à la liquidation des indem-

» nités que l'engagiste pourrait réclamer, à la vue
» des quittances de finances, rapports d'experts,
» et de tous autres titres et documens, de la même
» manière qu'il est observé pour les autres créan-
» ciers de la République. La remise des titres sera
» faite dans trois mois pour tout délai. »

La liquidation des indemnités ne doit suspendre
ni l'estimation, ni les enchères, ni l'adjudication.
Quoique les experts aient dû faire leur rapport sur
les objets soumis à leur examen d'après les pièces
qui leur auront été remises respectivement, leur
rapport n'est pas un jugement ; ce n'est qu'un avis
relativement aux indemnités, puisqu'il est permis
aux administrations de prononcer d'après les pièces
qui leur seront remises avec le rapport des experts.
La loi ne décide pas si le détenteur, qui est obligé
de restituer tous les fruits, depuis et y compris
1791, aura droit de retenir, pendant ces huit années, les intérêts de la somme à laquelle se mon-
teront ses quittances de finance, et les améliorations qui lui auront été allouées. Mais cette compensation paraît juste, puisque la restitution de
tout ce qui lui est dû doit remonter à l'époque à
laquelle cesse sa jouissance.

PARTIE HUITIÈME.

Paiement des adjudications et des indemnités.

ARTICLE XXX.

« Le prix de l'adjudication qui sera faite en
» exécution de l'article XXV, sera, en totalité,
» payable en numéraire métallique. Les paiemens
» seront divisés comme il suit :

» 1.° Le quart de la valeur du terrain estimé
» d'après les articles XIX et XXIII de la présente,
» sera acquitté entre les mains du receveur des
» *domaines nationaux*, dans les dix jours qui
» suivront l'adjudication ; savoir : le premier tiers
» en *numéraire*, et les deux autres tiers en *obli-*
» *gations* ou *cédules*, payables aussi en numéraire ;
» savoir : le second tiers dans le délai de deux
» mois, et le dernier tiers dans quatre mois ; le
» tout à dater de la souscription des cédules avec
» intérêts sur le pied de 5 pour 100 par an jusqu'au
» paiement effectif.

» 2.° Le surplus du prix de l'adjudication res-
» tera entre les mains de l'acquéreur pour fournir
» jusqu'à due concurrence, soit aux indemnités de
» l'engagiste, soit aux plus amples reprises de **la**
» République. Il ne sera exigible qu'après la liqui-
» dation des indemnités, et sera payable en trois
» portions égales, à partir de la vérification qui
» sera faite à l'acquéreur, de l'arrêté définitif de
» la liquidation. L'on ajoutera au dernier paiement
» tous les intérêts qui auront couru jusqu'alors,
» sur le même pied de 5 pour 100 par an. »

Si le prix du *domaine* adjugé est de 12 mille
francs, il devra être payé 1000 francs dans les dix
jours, et 2,000 francs en obligations ou cédules ;
la première, de 1,000 francs, payable dans deux
mois ; la seconde, de 1,000 francs, payable dans
quatre mois, avec les intérêts à 5 pour 100.

L'acquéreur restera dépositaire du surplus, qui
ne sera exigible qu'après la liquidation des indemnités, et de trois mois en trois mois après la notification qui lui sera faite de cette liquidation,
avec les mêmes intérêts à 5 pour 100 ; voilà la
caisse dans laquelle l'engagiste sera certain de

trouver la somme qui lui appartient. Les reprises de la République y sont également assurées.

Mais le paiement du *premier quart* est indépendant de toute liquidation ; il est pourvu par les articles suivans, aux cas dans lesquels les *trois derniers quarts* ne seraient pas suffisans pour remplir les droits de l'acquéreur.

On a fait deux grandes objections sur le *paiement* du *quart* qui doit être versé dans le trésor public avant qu'il ait été pourvu aux indemnités dues à l'engagiste.

1.º On avait opposé, dans le conseil des anciens, que toute dépossession de l'engagiste, avant son remboursement intégral en valeur effective, offrait un grand caractère d'injustice.

2.º D'autres ont réclamé contre le prélèvement absolument du *quart* en faveur de la République et sans retour ; ils ont soutenu que ce prélèvement ne saurait se concilier avec les principes de la justice, qui veulent que l'engagiste exproprié soit complétement remboursé en valeur réelle.

Ces difficultés étaient trop graves pour ne pas fixer toute l'attention du conseil des anciens. Elles y ont été profondément discutées.

1.º On ne s'y est point dissimulé la force des droits de l'engagiste. On y a reconnu que, de droit commun, le détenteur d'un immeuble sujet à rachat n'en pouvait être dépossédé par le vendeur qu'après le remboursement du prix. Mais la raison d'Etat l'a emporté.

Ecoutons le rapporteur lui-même la présenter aux anciens : « Irons-nous, a-t-il dit, légistes in- » flexibles, appliquer ce principe à la République » avec une aveugle rigueur ? Les nécessités publi- » ques ont commandé la mesure qui avait été

» proposée ; que peut demander, a - t - on dit, le
» détenteur qu'on évince, et qu'on évince parce
» qu'il le veut bien ? Il ne peut demander que ce
» qui est au pouvoir de la République. Or, qui
» oserait soutenir qu'il est en son pouvoir de rem-
» bourser les engagistes avant d'avoir vendu le
» *domaine* engagé ? »

Il faut donc reconnaître qu'on n'a fait céder
la force des principes et le droit manifeste de l'engagiste, qu'à la nécessité des circonstances et aux
besoins impérieux des finances.

Ces réflexions ont écarté la première objection.

La seconde difficulté n'était pas moins forte.

Si la loi eût ordonné que les indemnités dues
à l'engagiste lui fussent payées avant que la République s'attribuât aucune portion du prix de
l'immeuble vendu, aucun engagiste n'aurait eu à
se plaindre, puisque la vente lui aurait garanti
sur-le-champ le paiement de toutes ses indemnités.
Il aurait été remboursé en valeur réelle ; et s'il ne
l'avait pas été avant son expropriation, il en aurait
eu au moins le gage le plus assuré dans les obligations contractées par l'acquéreur envers la République.

Mais combien le prélèvement du quart, fait
sans retour au profit de la République, rendra-
t-il le sort des engagistes bien différent ?

Non-seulement le paiement des indemnités qui
leur sont dues est reculé ; mais ils pourront même
être exposés à n'en pas retrouver le montant sur
les trois quarts qui resteront entre les mains des
acquéreurs.

Ce n'est point une simple supposition : cela
même est prévu par la loi, art. XXXII.

Prenons pour exemple un *domaine* engagé,

moyennant une finance de 100 mille francs, et sur lequel on a fait pour 100 mille francs d'améliora-tions. Ce *domaine*, qui aurait dû valoir 200 mille francs, ne sera peut-être vendu que 100 mille fr.; le prélévement du quart donnera à la République, et sans retour, une somme de 25 mille francs, il ne restera donc, dans les trois quarts, que 75 mille francs à prendre pour l'engagiste; et il sera, suivant la loi, porté *sur le grand livre* pour 125 mille francs, dont il n'aura qu'un tiers consolidé, et le surplus lui sera payé en bons de deux tiers.

Cette mesure est-elle juste? La perte que l'engagiste doit souffrir, dans ce cas, n'est-elle pas immense; ses droits ne sont-ils pas essentiellement blessés par cette disposition? Le *domaine* dont on le dépouille ne paraissait-il pas affecté, par privilége et tout entier, à son indemnité? La cause de l'engagiste n'avait pas besoin de longs raisonnemens pour être plaidée avec succès, si les circonstances, encore plus impérieuses, des besoins publics, n'eussent étouffé sa voix.

Les rapports faits au conseil des anciens n'ont pas dissimulé toute la force de l'objection; mais en présentant des considérations d'un autre ordre; ils ont annoncé (1) *qu'ils ne devaient pas se borner à raisonner en jurisconsulte; mais qu'il fallait savoir raisonner en homme d'état.* Ils ont rappelé les besoins pressans de la République, les vastes ressources qu'une vente générale des *domaines*, bien combinée et faite à-propos aurait procurées au trésor public. Ils ont *considéré que ce n'était pas pousser la supposition trop loin, que d'admettre que l'Etat avait été lésé du quart*

______

(1) Rapport du citoyen Chénier.

dans toutes les concessions ou aliénations des domaines.

Or c'est de cette *lésion du quart* que la loi a voulu indemniser la République sur tous les domaines engagés.

Cette restitution du quart doit s'opérer de deux manières. 1.º Par le paiement du quart à faire par les détenteurs qui *veulent conserver* leur bien. 2.º Par le prélévement du quart sur tous *les biens abandonnés* par les détenteurs.

Ainsi le paiement du quart est *une mesure générale*, substituée dans le premier cas à la révocation, et qui remplace dans le second le préjudice que souffre la République, en confirmant les anciens détenteurs dans la possession de leur domaine. C'est sous ce point de vue général qu'il faut considérer l'opération; il faut en juger la masse entière, et non pas se fixer sur le détail des intérêts individuels.

Il pourra, sans doute, se trouver quelques engagistes de la part desquels la nation n'aura point éprouvé cette perte du *quart* de la valeur du domaine, lors de sa concession; mais combien comptera-t-on de concessions faites à des conditions pareilles?

La loi n'a point jugé d'après les exceptions; mais sur ce qui était arrivé le plus fréquemment. *Lex non de iis quæ raro accidunt, sed quæ plerumque eveniunt, statuit.*

La question se réduisait donc naturellement à savoir si la fixation de la lésion au *quart* en masse, est exagérée, ou si elle n'est pas plutôt au-dessous de la réalité.

Inutile de se livrer à des calculs que chacun serait libre d'admettre ou de combattre. Mais consultons l'histoire de la monarchie depuis près de trois siècles? Pourquoi toutes ces lois prohibitives, si souvent renouvelées, si rarement exécutées en leur entier? Pourquoi ces sermens, tant de fois inutiles, des rois à leur sacre, et rappelés par eux dans leurs propres lois rendues contre les aliénations des *domaines*? Pourquoi toutes les grandes concessions ne se trouvent-elles, enfin, que dans les familles de ceux qui environnaient le trône, et qui en réunissaient ou qui en absorbaient toutes les faveurs?

ARTICLE XXXI.

« Si par le résultat de la liquidation énoncée en
» l'art. 29, le ci-devant concessionnaire n'était re-
» connu créancier que d'une partie de la somme
» restée aux mains de l'acquéreur, il sera remboursé
» sur le premier terme des deniers mis en réserve
» par l'article précédent, subsidiairement sur les
» second et troisième; et la République ne tou-
» chera l'excédent qu'après qu'il aura été rem-
» boursé. »

ARTICLE XXXII.

« S'il arrivait qu'il fut dû au concessionnaire
» au-delà de la somme restée en dépôt, il la
» retirera en entier, et sera remboursé du surplus
» de sa liquidation comme les autres créanciers
» de l'état; savoir : deux tiers en bons de deux
» tiers, et l'autre tiers en bons du tiers consolidé. »

On reconnaît encore ici combien les engagistes ont d'intérêt à payer le quart de leurs *domaines* pour en conserver la propriété, sur-tout s'ils ont des indemnités à réclamer.

PARTIE NEUVIÈME.

Objets sur lesquels il n'est point statué.

ARTICLE XXXIII.

» Il n'est rien statué ni préjugé par la présente ;
» 1.º sur les concessions faites à vie seulement,
» ou pour un temps déterminé, soit par baux em-
» phithéotiques, soit par baux à cens ou à rentes.
» 2.º Sur les concessions de terrain, à quelque
» titre que ce soit, faites dans les colonies fran-
» caises des deux Indes.
3.º Sur la nature des îles, îlots et attérissemens
» formés dans le sein des fleuves et rivières na-
» vigables, non plus que des alluvions y relatives,
» ni des lais et des relais de la mer. »
Il sera statué sur ces divers objets par des résolutions particulières.

Une loi du 18 messidor an VII a déjà réglé ce
qui concernait les baux à vie, ou emphithéotiques
des *domaines*.

Tout ce qui regarde les autres objets reste donc
en suspens, jusqu'à ce que les lois qui doivent les
régler aient été publiées.

ARTICLE XXXIV.

« Il n'est, par la présente, porté aucune atteinte
» à l'exécution des lois des 28 août 1792, 10 juin
» 1793, et autres relatives aux biens appartenans
» aux communes ou sections de communes ; et aux
» revendications de biens usurpés par la puissance
» féodale.
» Dans le cas où il y aurait procès pendant entre

une

» une commune et un engagiste, relativement au
» fonds du droit sur les biens concédés par l'ancien
» gouvernement, les dispositions de la présente et
» les délais établis par elle, ne courront contre
» l'engagiste qu'à dater du jugement définitif qui
» pourrait confirmer sa possession vis-à-vis de la
» commune, sauf l'intervention de la régie des
» *domaines* audit procès, s'il y a lieu. »

Les communes sont ainsi maintenues dans la possession de tous les biens que ces lois leur avaient accordés, et de ceux qu'elles avaient été autorisées à réclamer contre les seigneurs féodaux et contre l'exercice de la féodalité.

Les droits du *domaine* devant être établis, si la propriété n'est confirmée que par le jugement définitif, les délais accordés aux engagistes pour faire leur déclaration et leur soumission, ne pourront commencer à courir contre eux qu'à compter du jour de la signification de ce jugement.

L'intérêt de la République devra déterminer l'intervention de la régie des *domaines*, toutes les fois que ses administrateurs la croiront utile, et ce sera souvent pour l'engagiste un secours puissant, contre la faveur extraordinaire avec laquelle les lois de 1792 et de 1793 ont traité les communes.

ARTICLE XXXV.

« Il n'est point dérogé, par la présente, aux droits
» et actions qui peuvent compéter à la République
» contre les concessionnaires ou sous-concession-
» naires maintenus purement et simplement en
» possession par l'art. 5, à raison des redevances
» et prestations assignées sur les fonds, et qui n'au-
» raient pas été frappées d'abolition par les lois
» nouvelles. »

Des Domaines engagés.   K

Les citoyens confirmés dans leurs propriétés, dans les cas prévus par l'art. 5 ci-dessus, y sont irrévocablement maintenus. Mais les obligations auxquelles leur possession et leur jouissance sont soumises, ne sont point changées : ils doivent continuer de payer les mêmes redevances, à moins qu'elles ne soient du genre de celles qui ont été proscrites, comme féodales, par le décret du 15 mars 1790.

PARTIE DIXIÊME.

Abrogation de la légilation ancienne.

ARTICLE XXXVI.

« Les précédentes lois sont abrogées en ce qu'elles » ont de contraire à la présente. »

Cette loi forme le remplacement de celles des 1.er décembre 1790, 3 septembre 1792 et 10 frimaire an II. Elle réalise ce que celle du 1.er décembre 1790 avait établi en principe ; elle consomme l'exécution de ce que celles de 1792 et de l'an II avaient ordonné.

Cependant, tous les avantages que la loi s'est proposés seront manqués, si sa sévérité n'est pas adoucie, et s'il n'est pas rendu une loi nouvelle qui proroge les délais.

Le paiement du quart exempt de toutes déductions produira infiniment plus qu'une adjudication à six ou huit fois le revenu grévé de la liquidation des indemnités. L'intérêt de l'état sollicite donc cette prorogation ; elle ne sera pas moins utile aux engagistes, auxquels le désir et la volonté ne suffisent pas pour se procurer, dans un temps aussi difficile, les fonds qui leur sont nécessaires.

TABLE CHRONOLOGIQUE

DE LA

RÉUNION DES GRANDS FIEFS

AU DOMAINE,

AVEC LES CAUSES DE LEUR RÉUNION.

Explication des abréviations.

C. Comté.	P. Principauté.
D. Duché.	R. Royaume.
E. Evêché.	Vic. Vicomté.
M. Marquisat.	Vil. Ville.

866. (*Charles-le-Chauve.*) R. d'Aquitaine. *Réunion* à la couronne.

960. (*Lothaire.*) C. de Quercy. *Réunion* au C. de Toulouse.

987. (*Hugues Capet.*) C. de Paris. *Réunion* à la couronne.

C. d'Orléans, 1.re réunion à la couronne.
Lorsque Hugues Capet est monté sur le trône, il était comte de Paris et d'Orléans.

1017. (*Robert.*) C. de Sens. *Réunion* à la couronne, après la mort de Fromont III, comte de Sens, mort sans enfans mâles.

1019. C. de Chartres.
C. de Touraine.
C. de Champagne.
C. de Brie.   } Au C. de Blésois.

K 2

Thibault I.er s'était emparé, en 920, des comtés de Blois, Chartres et Touraine, pendant les guerres civiles de Charles le simple ; il les a transmis à sa postérité. Eudes II, l'un de ses descendans, recueillit, en 1019, dans la succession d'Etienne I.er, son cousin, les comtés de Champagne et de Brie, qui furent alors réunis au Blésois.

1045. (*Henri I.*) C. de Touraine. *Réunion* au C. d'Anjou. Par la bataille remportée en 1045, par Geoffroi II, contre Thibault, comte de Blois, fait prisonnier, et qui donna la Touraine pour sa rançon.

1070. (*Philippe I.*) D. de Gascogne, conquis sur Bernard, duc de Gascogne, par Guillaume VI, duc de Guyenne. *Réunion* au D. de Guyenne.

1077. C. de Valois. *Réunion* au C. de Vermandois. Par le mariage d'Adelle, comtesse de Valois, avec Herbert IV, comte de Vermandois ; elle était héritière de Simon son frère.

1082. C. de Dijon. *Réunion* au D. de Bourgogne après la mort de Létalde, sans enfans, et sous Eudes I.er, duc de Bourgogne.

1116. (*Louis VI*, dit le Gros.) C. de Diois. *Réunion* au C. de Valentinois. L'empereur Frédéric I.er, roi d'Arles, s'en empara, après la mort d'Isoard II, comme d'une seigneurie vacante, et en investit Eimard de Poitiers, comte de Valentinois.

1127. C. du Maine. *Réunion* au C. d'Anjou par le mariage de Sibille, comtesse du Maine, avec Foulques V, comte d'Anjou.

1140. (*Louis VII*, dit le jeune.) C. de Fézenzaques. *Réunion* au C. d'Armagnac, à titre de succession, après la mort de Béatrix, qui avait été mariée à Gaston, comte de Béarn, et qui ne laissa pas de postérité.

1195. (*Philippe II*, ou *Auguste.*) C. d'Alençon. 1.re Réunion à la Couronne, à titre d'acquisition faite d'Elise, comtesse d'Alençon, morte sans avoir été mariée.

1198. Terre d'Auvergne. *Réunion* à la couronne après

la victoire remportée sur Guy II, comte d'Auvergne.

1199. (*Philippe II*, ou *Auguste*.) C. d'Artois. 1.re *Réunion* à la couronne par le mariage de Philippe-Auguste avec Isabelle de Hainault, comtesse d'Artois, et auquel succéda son fils Louis VIII, roi de France.

1200. C. d'Evreux. 1.re *Réunion* à la couronne.
Acquisition faite d'Amauri IV, comte d'Evreux, dont les enfans conservèrent le comté de Montfort.

1203. { C. de Touraine / C. du Maine. / C. d'Anjou. 1.re *Réunion* } à la couronne.
A titre de conquête après la confiscation prononcée contre Jean-Sans-Terre, roi d'Angleterre, pour venger la mort d'Artus.

1205. D. de Normandie. 1.re *Réunion* à la couronne.
Conquête après le même jugement de confiscation contre Jean-Sans-Terre.

1206. C. de Poitou. *Réunion* à la couronne.
Conquête après le même jugement de confiscation.

1209. C. de Forcalquier. *Réunion* au C. de Provence.
Donation faite par Garsinde, comtesse de Forcalquier, à Rémond-Bérenger, son fils aîné, comte de Provence.

1215. { C. de Vermandois *Réunion*. / C. Amiénois. *Réunion* } à la couronne.
Donation par Eléonore, comtesse de Vermandois et d'Amiens, femme de Mathieu III, comte de Beaumont-sur-Oise, et traité de paix avec le comte de Flandres.

1215. C. de Valois. 1.re *Réunion* à la couronne.
Il avait été réuni en 1077 au duché de Vermandois.

1229. (*Louis IX.*) { C. de Carcassonne. / C. de Beziers. / C. de Nîmes. } à la couronne.
Ces trois comtés ont été cédés par Amauri, comte de Toulouse, fils de Simon de Montfort.

1230. (*Louis IX.*) C. de Marseille. *Réunion* aux con-
       suls de Marseille.
        Acquisition faite par partie séparée par les enfans
       de Guillaume V, comte de Marseille.
1230. C. de Charolois. *Réunion* au D. de Bourgogne
       sous Eugène IV, comte de Bourgogne.
1238. C. de Montluçon. *Réunion* au C. de Bourbonnais,
       par le mariage de Béatrix de Bourbon avec Ar-
       chambaud IX, connétable d'Auvergne et comte
       de Bourbonnais.
1240. C. de Perche. *Réunion* à la couronne, par la
       cession faite par Guillaume II, comte du Perche,
       Evêque de Châlons.
1245. C. de Mâcon. *Réunion* à la couronne.
        Acquisition faite d'Alix, comtesse de Mâcon.
1245. C. de Châlons. *Réunion* au D. de Bourgogne.
        Echange fait par Henry IV, duc de Bourgogne,
       avec Jean, comte d'Ossonne et de Châlons.
1254. Royaumes d'Arles et de Bourgogne, éteint par
       la mort de Conrad IV, en 1254, et de Con-
       radin, son fils, en 1264.
1261. C. de Boulogne. *Réunion* au C. d'Auvergne, sous
       Robert V, comte d'Auvergne : acquisition faite
       de Henri, duc de Brabant.
1261. C. de Viennois. *Réunion* au Dauphiné, sous Gui-
       gnes VII, qui s'intitula dauphin de Viennois.
1261. Vil. de Vienne. *Réunion* à l'archevêché, par la
       vente faite par Béatrix, fille de Gérard, comte
       de Vienne.
1272. (*Philippe III,* { M. de Provence. } à la couronne,
       le Hardi.) { C. de Toulouse. }
        après la mort de Jeanne, femme d'Aphonse,
       comte de Poitiers et frère de Louis IX, en vertu
       de leur contrat de mariage.
1280. C. d'Ossonne. *Réunion* au D. de Bourgogne.
        Acquisition faite de Hugues, comte d'Ossonne,
       sous Robert IV, duc de Bourgogne.
1280. C. de Sémur. *Réunion* à la couronne, par la mort
       de Jean, sans enfans.

1283. (*Philippe III*, le Hardi.) C. d'Alençon. 2.ᵉ *Réunion* à la couronne, par la mort, sans enfans, de Pierre-de-France, fils de Louis IX, auquel il avait été donné en appanage.

1284. C. de Chartres. *Réunion* à la couronne. Acquis de Jeanne, comtesse de Chartres, veuve de Pierre-de-France, comte d'Alençon.

1290. (*Philippe IV*, le Bel.) Vic. de Béarn. *Réunion* au C. de Foix, par le mariage de Marguerite, fille de Gaston VI, avec Roger-Bernard, comte de Foix, qui mourut en 1290.

1303. C. de la Marche. *Réunion* à la couronne après la condamnation et confiscation des biens de Guy, frère de Hugues VIII, dont il avait supprimé le testament, par lequel Hugues laissait au roi une partie de ses domaines.

1307. C. d'Angoulême. 1.ʳᵉ *Réunion* à la couronne après la condamnation et confiscation des biens de Guy, comte de la Marche.

1307. C. de Bigorre. *Réunion* à la couronne par l'exercice des droits appartenant à la reine Jeanne de Navarre, femme de Philippe-le-Bel ; à l'aïeul de laquelle il avait été fait donation du comté de Bigorre par Simon de Montfort.

1310. C. de Lyon. *Réunion* à la couronne, après le siége et la réduction de la ville de Lyon en 1310.

1312. C. de Rouergue. *Réunion* au C. d'Armagnac.

1327. (*Charles IV*, le Bel.) C. de Charolais. *Réunion* au C. d'Armagnac, par le mariage de Béatrix II avec Jean I.ᵉʳ, comte d'Armagnac.

1328. (*Philippe VI*, de Valois.) { C. de Champagne. C. de Brie. } à la couronne. Acquis par l'échange des comtés d'Angoumois, de Longueville et de Mortagne, fait avec Jeanne II, reine de Navarre, et Philippe, comte d'Evreux, son mari, qui cédèrent les comtés de Champagne et de Brie.

1328.
{ C. de Valois. 2.e *Réunion.*
{ C. d'Anjou.
{ C. du Maine.   } à la couronne,
{ C. de Chartres.

Par l'avénement au trône, de Philippe de Valois, qui avait réuni ces quatre comtés en succédant à Charles de France, son père, et à Marguerite d'Anjou sa mère.

1343 et 1349. Dauphiné de Viennois. *Réunion* à la couronne, par les donations faites par Humbert II, à Philippe de France et à Charles de France, du Dauphiné.

1350. C. de Montpellier. *Réunion* à la couronne.

Acquis, moyennant 120,000 écus d'or, de Jayme IV, roi de Mayorque.

1365. (*Charles V*, le Sage.) C. d'Auxerre. *Réunion* à la couronne.

1375.
{ D. d'Orléans. 2.e *Réunion*
{ D. de Valois. 3.e *Réunion.*   } à la couronne,

Après la mort, sans postérité, de Philippe, duc d'Orléans, auquel Philippe de Valois, son père, avait donné ces deux provinces, à titre de pairie et d'appanage, en 1344.

1380. C. de Ponthieu. *Réunion* à la couronne, par la confiscation prononcée contre Richard II, duc de Guyenne et comte de Ponthieu, roi d'Angleterre.

1382. (*Charles VI.*) C. de Forêt. *Réunion* au D. de Bourbonnais, par le mariage de Jeanne de Forêt avec Louis II, duc de Bourbon.

1382. C. de Dunois. *Réunion* au C. de Blésois.

Acquis de Pierre de Craon, comte de Dunois, par Jean II, comte de Blois.

1391. C. de Blésois. *Réuni* au D. d'Orléans.

Acquis de Guy II, comte de Blois et de Dunois, par Louis, duc d'Orléans.

1400. C. de Beaujolais. *Réunion* au D. de Bourbonnais par la donation d'Edouard II, comte de Beaujolais, à Louis II, duc de Bourbon.

1403. { C. de Fézenzaques. } *R.* au C. d'Armagnac.
{ C. de Pardiac. }
par Bernard VII, comte d'Armagnac, qui conquit ces domaines sur Jean II, comte de Pardiac et de Fézenzaques.

1416. C. de Berry et de Poitou. 2.e *Réunion* à la couronne après la mort sans postérité de Jean, duc de Berry et comte de Poitou, troisième fils du roi Jean, auquel ces provinces avaient été données en appanage.

1424. (*Charles VII.*) C. de Tonnerre. *Réuni* au D. de Bourgogne. Conquis par Philippe III, duc de Bourgogne, sur Louis II, comte de Tonnerre, qui fut tué à la bataille de Verneuil en 1424.

1434. C. de Valentinois. *Réunion* à la couronne en vertu du testament de Louis II, comte de Valentinois, qui avait institué Charles, dauphin de France, fils de Charles VI, pour son héritier, à la charge d'acquitter ses dettes.

1444. C. de Comminges. *Réunion* à la couronne. Donation faite à Charles VII par Marguerite, comtesse de Comminges.

1445. C. de Penthièvre. *Réunion* au D. de Bretagne. Confiscation prononcée au profit du duc de Bretagne, par les Etats de cette province, contre Olivier, qui avait conspiré contre le duc Jean VI.

1460. { C. de Périgord. } au C. d'Albret,
{ Vic. de Limoges. }
par le mariage de Françoise de Bretagne, comtesse de Périgord et vicomtesse de Limoges, avec Alain, comte d'Albret.

1465. (*Louis XI.*) D. de Berry. 3.º *Réunion* à la couronne. Il avait été donné en appanage à Charles, l'un des fils de Charles VII. Par le traité de Saint-Maur, Louis XI reprit le duché de Berry et lui accorda le duché de Normandie.

1453. D. de Guyenne. 1.re *Réunion* à la couronne.

Conquête sur les anglais, après la bataille de Castillon, où Talbot, père et fils furent tués, le 17 juillet 1453.

1469. (*Louis XI.*) D. de Normandie. *Réunion* à la couronne.

Louis XI le reprit de Charles II, et lui donna en échange le duché de Guyenne.

1474. D. de Guyenne. 2.ᵉ *Réunion* à la couronne après la mort de Charles II sans postérité.

1477. { D. de Bourgogne. / C. de Boulogne. } à la couronne.

Ces deux provinces furens conquises après la mort de Charles le Hardi, duc de Bourgogne.

1477. { C. de Pardiac. / C. de la Marche. 1.ʳᵉ *Réunion* } à la couronnne.

Ces deux comtès ont été réunis par la confiscation générale prononcée contre Jacques III, duc de Nemours et comte de la Marche, qui s'était révolté contre Louis XI, et qui fut décapité aux halles le 4 août 1477.

1480. D. d'Anjou. *Réunion* à la couronne; par la mort sans enfant mâle de Réné, duc d'Anjou.

1481. { C. de Provence. / C. du Maine. } à la couronne.

Ces deux provinces ont été réunies en vertu du testament de Réné, roi de Sicile, comte du Maine et de Provence, qui institua Louis XI son héritier universel.

1498. (*Louis XII.*) { C. de Valois. / D. d'Orléans. 3.ᵉ *Réunion* } à la cour.

Par l'avénement de ce prince au trône; il était duc d'Orléans et comte de Valois.

1501. C. de Foix. *Réunion* au C. d'Albret, par le mariage de Catherine, comtesse de Foix, avec Jean d'Albret.

1515. (*François I.ᵉʳ*) C. d'Angoulême. 2.ᵉ *Réunion* à la couronne.

Par l'avénement de François I.ᵉʳ au trône; il était comte d'Angoulême.

1521. (*François* I.er) C. d'Astarac. *Réunion* au C. de
Foix, par le mariage de Marthe, comtesse d'As-
tarac, fille de Jean III, avec Gaston de Foix
Candale.

1523.
{
D. de Bourbonnais.
D. d'Auvergne.
C. de Clermont.
C. de Forest.
C. de Beaujolais.
C. de la Marche. 2.e *Réunion*
} à la couronne.

Ces provinces ont été réunies à la couronne
par la confiscation générale prononcée contre
Charles III, devenu si célèbre sous le nom de
connétable de Bourbon.

1525.
{
D. d'Alençon. 3.e *Réunion*
C. du Perche.
C. d'Armagnac.
C. de Rouergues.
} à la couronne.

Ces provinces ont été réunies au domaine après
la mort, sans postérité, de Charles III, comte
d'Alençon, qui avait épousé Marguerite de Valois,
sœur de François I.er

1531. Dauphiné d'Auvergne. *Réunion* à la couronne.
François I.er recueillit ce domaine, comme fils
de Louise de Savoie, qui s'était fait adjuger la succession de Suzanne de Bourbon.

1547. (*Henri II.*) D. de Bretagne. *Réunion* à la couronne
par l'avénement d'Henri II au trône. Il était duc
de Bretagne.

1555. Evêchés de Metz, Toul et Verdun. *Réunion* à la
couronne.

1558.
{
C. de Calais.
C. d'Oye.
} à la couronne.

Conquêtes faites sur Marie, reine d'Angleterre.
Les anglais possédaient ces deux comtés depuis 1347.

1583. (*Henri III.*) C. d'Evreux. 2.e *Réunion* à la couronne, après la mort, sans postérité, de Fran-

çois, duc d'Alençon, auquel Charles IX avait donné le comté d'Evreux en appanage.

1589. (*Henri IV.*) { Vic. de Béarn. / C. de Foix. / C. d'Albret. / C. d'Astarac. / C. d'Armagnac. / Royaume de Navarre. / C. de Périgord. / Vic. de Limoges. } à la couron.

Tous ces domaines ont été réunis à la couronne, par l'avénement d'Henri IV au trône.

1601. C.s de Bresse, Bugey, et Valromay. *Réunion* à la couronne.

Ces provinces furent cédées à Henri IV, par le traité de Paix du 17 janvier 1601, par Charles II, Emmanuel, duc de Savoie.

1615. (*Louis XIII.*) C. d'Auvergne. *Réunion* à la couronne.

Donation, par Marguerite de Valois, comtesse d'Auvergne, au dauphin Louis, fils aîné d'Henri IV, lequel le réunit au domaine par son avénement au trône.

1642. Principauté de Sedan. *Réunion* à la couronne, par l'échange fait avec Frédéric-Maurice de la Tour, duc de Bouillon, par lequel il céda à la France la principauté de Sedan. Les duchés d'Albret et de Château-Thierry, le comté d'Avergne et celui d'Evreux lui furent cédés en contre échange.

1659. (*Louis XIV.*) { C. d'Artois. / C. de Flandres. } à la couronne.

Conquête. Ces provinces furent cédées à la France par le traité de paix des Pyrénées en 1659, et par celui de Nimègue en 1678.

1665. C. de Nivernois. *Réunion* à la couronne.

Vendu à Louis XIV par Charles Mantoue, comte de Nevers.

1678. C. de Bourgogne, ou Franche-Comté. *Réunion* à la couronne.

Conquête. Cette province a été cédée à la France, par la paix de Nimègue en 1678.

1700. (*Louis XIV.*) P. d'Orange. *Réunion* à la couronne.

Par un arrêt du parlement de Paris, qui en adjugea le domaine utile à Louis de Bourbon, prince de Condé, et le haut domaine, au roi, après la mort, sans enfans mâles, de Guillaume Henri, prince d'Orange.

1707. C. de Dunois. *Réunion* à la couronne, après la mort, sans postérité, de la comtesse Marie, femme de Henry second, duc de Nemours.

1712. D. de Vendôme. *Réunion* à la couronne, après la mort, sans postérité, de Louis-Joseph de Bourbon, arrière-petit-fils d'Henri IV.

1735. (*Louis XV.*) $\left\{\begin{array}{l}\text{D. de Lorraine.} \\ \text{D. de Bar.}\end{array}\right\}$ à la couronne.

Ces deux provinces ont été réunies par le traité de Vienne, du 11 novembre 1735.

1762. P. de Dombes. *Réunion* à la couroune.

Cédée en échange par Louis Bourbon, comte d'Eu, par contrat du 19 mars 1762. L'échange consommé par lettres-patentes de novembre 1786.

1766. P. d'Henrichemont et terres de Boisbelle. *Réunion* à la couronne.

Acquises par contrat d'échange du 24 septembre 1766', consommé par la loi du 4 novembre 1791.

1768. Isle de Corse. *Réunion* à la France.

Cédée par les Génois en mai 1768. Soumise en 1769. Serment de fidélité en 1770. Lettres-patentes, janvier 1790.

1777. (*Louis XVI.*) Terres de Villepreux. *Réunion* à la couronne.

Acquises par échange de Menard-Chouzy, lettres-patentes de juin 1777.

1782. Terre de Rambouillet. *Réunion* à la couronne.

Achetée 16 millions de Louis Bourbon-Penthièvre.

1784. (*Louis XVI.*) Terre de Saint-Cloud. *Réunion* à la couronne.

Acquise pour Marie-Antoinette d'Autriche, de d'Orléans, (Egalité) moyennant 6 millions.

1785. Terre de l'Isle-Dieu. *Réunion* à la couronne.

Acquise un million du ci-devant duc de Mortemart.

1786. P. de l'Orient, terres du Châtel, Carman et Recouvrances. *Réunion* à la couronne.

Acquises de Rohan-Guémenée, par arrêt du conseil, du 31 août 1786; contrat du 3 octobre 1786.

Ce contrat a été révoqué par la loi du 14 septembre 1792; mais la terre de l'Orient a été déclarée, par la même loi, réunie définitivement au domaine; et les autres terres ont été conservées entre les mains de la nation, en nantissement des sommes payées aux créanciers Rohan-Guémenée.

1787. Terres de l'Isle-Adam, Stors, Trye, etc. *Réunion* à la couronne.

Acquises de Louis-François-Joseph Bourbon-Conty. Confirmation par décret du 16 juin 1793.

1791. C. de Ferrette, et les seigneuries de Béfort, Delle, Thaun, Altkirck et Issenheim. *Réunion* au domaine par la loi du 25 juillet 1791, qui a annullé et révoqué la donation faite au cardinal Mazarin, par les lettres-patentes de décembre 1659.

1791. Comtat d'Avignon et Venaissin. *Réunion* à la France, par la loi du 14 septembre 1791, d'après le vœu des habitans et les anciens droits de la France.

1792. Duché de Savoie. *Réunion* à la République, par les lois des 27 et 29 septembre 1792, sous le nom de département du Mont-Blanc, d'après le vœu des habitans.

1793. C. de Nice. *Réunion* à la République, par les lois

des 4 novembre 1792, et 31 janvier 1793, d'après le vœu des habitans.

1793. P. de Monaco. *Réunion* à la République. La partie inférieure du bailliage de Schambourg, les communes de Saarwerden et Karschich, d'Asweilles, Crehange, Pellelange, Pontpierre, Trulben, Kroepen, Hilscht, Schwex, Eppenbrunnen, Operlimbasch, Lutzelhart, Armsberg, et la partie allemande de Titting. Loi du 14 février 1793.

1793. Belgique. Ville, faubourgs et banlieue de Bruxelles. *Réunion* à la République. Vœu des habitans. Loi du 1er. mars 1793.

1793. Le Hainault. *Réunion* à la République, sous le nom de département de Jemmapes. Loi du 2 mars 1793.

1793. Communes de Franchimont, Stavelo et Logne. *Réunion* à la République. Vœu des habitans. Loi du 2 mars 1793.

1793. Principauté de Salm. *Réunion* à la République. Vœu des habitans. Loi du 2 mars 1793. Réunie au département des Vosges.

1793. Ville de Gand. *Réunion* à la République. Vœu des habitans. Loi du 2 mars 1793.

1793. Ville de Florennes et trente-six villages qui forment son arrondissement. *Réunion* à la République. Loi du 4 mars 1793.

1793. Ville et banlieue de Tournay. *Réunion* à la République. Vœu des habitans. Loi du 6 mars 1793.

1793. Ville et banlieue de Louvain. *Réunion* à la République. Vœu des habitans. Loi du 8 mars 1793.

1793. Villes d'Ostende et de Namur. *Réunion* à la République. Vœu des habitans. Loi du 9 mars 1793.

1793. Ville et banlieue de Namur, Ham-sur-Sambre, Charles-sur-Sambre, Fleurus et Wasseigne *Réunion* à la République. Vœu des habitans. Loi du 11 mars 1793.

1793. Flandres et Brabant. Les communes de Bergla-
bren, Glingenmester, Billichhein, Oberhoffen,
Barbelrod, Winten, Dierbach, Pleichweiser, Klin-
gen, Oberhausen, Kleishorbach, Niderhorbach,
Kleiszellen, Kaplen, Herchiersveiler, Horbach,
Erlebach, Metzein, Steinveiler, Volsfisheim,
Niderhost, Oberhorst, Appenhoffen, Heichel-
heim, Mulhoffen, Volmersheim, Effingen, Al-
dorff, Gommersheim, Freisbach, Ilversheim,
et leurs enclaves. *Réunion* à la République. Loi
du 14 mars 1793 Vœu des habitans.

1793. Les communes de Nerel, Aeltre, Thouroult,
Blankemberg, Ecloc, Damne et Bruges. *Réunion*
à la République. Vœu des habitans. Loi du 19
mars 1793.

1793. La partie allemande de Lelling-Empire, et les
communes de Biding et Enting. *Réunion* à la République. Vœu des habitans. Loi du 20 mars
1793.

1793. Les communes de Marquain, Chin, Tragmegnies,
Esquelmes, Bailleul, Verne, Carnelle, Wiers,
Wourloing, Espierres, Saint-Genois, Mouen,
Bossut, Leers, Estampuis, Templeure, Nechin,
Hertein, Blandain, Saint-Léger, Evergnies, Her-
zeaux, Hellechin, Froidemont, Lamain, Eple-
chin, Rumes, Petit-Rumes, Taintignies, Wille-
meau, Guegnies, Florent, Velvain, Weze,
Merlain, Jolain, Dottigines, Bruyelles, Lesdin,
Ouvardrie, Rougies, Bleharis, Hollain, Vaux,
Antoing, Perrone, Fontenoy, Bourgeon, Veson,
Maubray, Havinne, Ramelroix, Gaurain, Be-
clers, Herquegies, Petriec, Verbois, Mourcour,
Melle, Herniaux, Kain, Obigies, Loancourt,
Hernies, Potte et Pont-Alaye. *Réunion* à la Répu-
blique. Vœu des habitans. Loi du 23 mars 1793.

1793. Le pays de Porentruy. *Réunion* à la République,
sous le nom de département du Mont-Terrible.
Vœu des habitans. Loi du 23 mars 1793.

1793. Les villes de Mayence , Worms , Durekein , Grundstadt , Fusgenheim , Eckelsheim, Wollstein , Schoinsheim , Grunsheim , Altheininget , Bleiderheim, Kallkoffein , Flonheim, Hossoweiller , Imsbach, Nakenheim , Batzbach , Badenheim, Oberolm , Budenhain , Heringen , Oberlustal , Kerlsberg, Dudenhoffen , Ilbesheim , Neubenberg, Niedersauheim , Sarmsheim , Obrigheim , Hanheim , Reistal , Rudelskerchen , Herllingshausen , Kindenheim, Alsenbruck , Niderolm , Weinweiller , Gonierfen , Wendelsheim , Relsberg , Mulheim, Sprendlingen , Bifferheim , Niederlustall , Esseingen , Schonborn , Algesheim , Rusbach , Hogelstein , Heidersheim , Wartenberg , Altooff , Mohrbac , Wollsheim, Niederhochstall , Obersaulheim , Dietersheim , Landsthul , Sinkinbach , Razheim , Schweisweil , Bobeinheim , Heidesheim , Merterheim , Bretzenheim , Zahcbach , Okenheim , Waleine , Gros-Bokeinheim , Seclfflersheim , Lohnfels , Reiborheim , Rugheim , Spallon , Kleinwintersheim , Weisseneau , Mariemborn , Cassel , Klethothein , Sembach , Dromersheim , Munsheim , Uffhoren , Badesheim , Mincheweiler , Breinheim , New-Hemsbach , Drais. *Réunion* à la République. Vœu des habitans. Loi du 30 mars 1793.

1793. Le pays de Liége. *Réunion* à la République. Vœu des habitans. Loi du 8 mai 1793.

An 4. Les communes d'Ypres , Grammont , et autres de la Flandres, du Brabant et de la Gueldre autrichienne , non comprises dans les réunions exprimées par les lois précédentes. *Réunion* à la République.

    Et les pays qui , avant la guerre, étaient sous la domination de l'Autriche, en-deçà du Rhin ; division en neuf départemens.

    De la Dyle. Bruxelles.

    De l'Escaut. Gand.

    De la Lys. Bruges.

Des Domaines engagés.   L

De Jemmapes. Mons.
Des Forêts. Luxembourg.
De Sambre-et-Meuse. Namur.
De l'Ourthe. Liége.
De la Meuse-inférieure. Maestrich.
Des Deux-Nèthes. Anvers.
Loi du 9 vendémiaire an 4.

An 4. Duché de Bouillon. *Réunion* à la République. Loi du 4 brumaire an 4.

An 6. République de Mulhausen. *Réunion* à la République. Vœu des habitans. Loi du 11 ventose an 6.

An 6. République de Genève. *Réunion* à la République. Vœu des habitans. Loi du 28 floréal an 6.

RECUEIL

DE LOIS,

SUR LES

DOMAINES ENGAGÉS.

EDIT du Roy, donné à Moulins au moys de Feurier mil cinq cens soixante six. Contenant les reigles et maximes anciennes, de l'vnion et conseruation de son Domaine.

CHARLES Par la grace de Dieu Roy de France, A tous présens et aduenir, Salut. Comme à nostre Sacre nous ayons entre autres choses promis et iuré, garder et obseruer le Domaine et patrimoyne Royal de nostre Couronne, l'vn des principaux nerfz de nostre estat, et retirer les portions et membres d'iceluy, qui ont esté alienez, vray moyen pour soullager nostre peuple, tant affligé des calamitez et troubles passez. Et par-ce que les reigles et maximes anciennes de l'vnion et conseruation de nostre Domaine, sont à aucuns assez mal, et aux autres peu cogneuës : nous auons estimé très-nécessaire de les faire recueillir et réduire par articles : et iceux confirmer, par edict general et irreuocable, afin que cy-apres personne n'en puisse douter.

SAVOIR Faisons, que de l'aduis de nostre tres-honnorée Dame et mere, des Princes de nostre sang, officiers principaux de nostre couronne, et autres de nostre Conseil : auons dit, statué et ordonné, disons, statuons et ordonnons ce qui s'ensuyt.

ARTICLE PREMIER.

Le Domaine de nostre couronne ne peut estre aliéné qu'en deux cas seulement : l'un pour appanage des puisnez masles, de la maison de France : auquel cas y a retour à nostre couronne, par leur decez sans masles, en pareil estat et condition qu'estoit ledict Domaine, lors de la concession de l'appanage : nonobstant toute disposition, possession, acte expres ou taisible, fait ou interuenu pendant l'appanage : l'autre, pour alienation à deniers comptans pour la nécessité de la guerre, apres lettres patentes pour ce decernées et publiées en noz parlemens : auquel cas y a faculté de rachat perpetuel.

II. Le Domaine de nostre couronne est entendu, celuy qui est expressement consacré, uni et incorporé à nostredicte couronne, ou qui a esté tenu et administré par noz receueurs et officiers par l'espace de dix ans, et est entré en ligne de compte.

III. De pareille nature et condition sont les terres autreffois alienees et transferees par noz predecesseurs Roys, à la charge de retour à la couronne, en certaines conditions de masle, ou autre semblable,

IIII. Ne pourra nostre Domaine estre baillé à ferme ou à louage, sinon au plus offrant et dernier encherisseur : et ne pourront les fruits des fermes ou louages dudict Domaine estre donnez à à quelque personne, ne pour quelque cause que ce soit ou puisse estre. Pareillement ne seront baillées aucunes exemptions des payemens des droits appartenans et dépendans dudict Domaine, en quelque forme ou façon que ce soit.

V. Defendons à noz parlemens et chambres des comptes, d'auoir aucun esgard aux lettres patentes contenans alienation de nostre Domaine et fruits d'iceluy, hors les cas susdicts, pour quelque cause et temps que ce soit, encores que ce fust pour vn an : et leur est inhibé de procéder à l'enterinement et vérification d'icelles. Et ne seront tenuz pour valablement enterinees celles qui auront cy-deuant esté octroyées, sinon qu'elles eussent esté verifiees, tant en nosdites Cours de Parlemens que chambres des comptes, et chacune desdites cours et chambres : Et ne sera par vertu d'icelles aucune chose allouée aux comptes des Officiers comptables du Domaine.

VI. Ceux qui detiennent le Domaine de nostre couronne, sans concession valable deuëment verifiée, et autrement que dessus, seront condamnez et tenus de rendre les fruits perceus depuis leur induë possession et iouyssance : non seulement depuis la saisie qui sera faicte pour la révnion, mais aussi depuis leur iouyssance ou de leurs predecesseurs, sans qu'ils se puissent excuser de bonne foy, quel que titre ou concession que ils ayent de noz predecesseurs ou de nous.

VII. Aussi ceux qui occulteront et dénieront de male foy, le titre auquel ils detiennent les terres de nostre Domaine, ou terres suiettes en certain cas à reuersion à iceluy, et qui en seront deuëment conuaincus, seront déclarez descheus de l'effet de leur titre, et priuez du droit et possession desdites terres.

VIII. Cevx ausquelz nostre Domaine auroit deuement esté aliené pour les causes que dessus, ne pourront neant-moins couper les boys de haute fustaye, ny toucher aux forests qui seront esdites terres : Et si faict l'auoyent, seront tenuz à la restitution du proffit et dommage qui en seront aduenu.

IX. Les boys de haute fustaye à nous appartenans, ne pourront estre alienez, ny don faict des couppes d'iceulx, ou des deniers qui en procederont : Sur peyne de nullité, et de restitution des valeurs, fruicts et profits comme dessus.

X. Les droicts du tiers, et danger ou gruerie, en noz boys et forests, ne se pourront semblablement donner ne aliener, ny pour le fonds, ny pour les couppes, ou deniers qui en pourront prouenir. Et si les propriétaires font quelques couppes, la part ou profit à nous reuenant par le moyen d'icelles à cause desdictz droictz, sera employé au rachapt de nostre Domaine.

XI. Ne se pourra faire aucune couppe de boys de haute fustaye és terres de nostre Domaine : ne semblablement bail des terres vaines ou vagues, sinon qu'il y ait lettres patentes decernees pour cet effect, adressees à noz Parlemens et gens des comptes, et verification d'icelles faite esditz parlemens et chambre des comptes : sur peine de nullité, et restitution des valeurs, fruits et profits comme dessus.

XII. Pour le bail desdites terres vaines et vagues, ne seront prins deniers d'entrée, sinon que ce fust pour employer reellement au rachapt de nostre Domaine, ou autres nos vrgens affaires dont aurions fait estat.

XIII. Les articles ci-dessus auront lieu de loy et Ordonnance, tant pour le regard de nostre ancien Domaine, vni à nostre couronne, que autres terres depuis accrues ou aduenues, comme Blois, Coucy, Mont-Fort et autres semblables.

XIIII. Les saisies faites pour révnion de nostre Domaine, ne se leueront par prouision, mais sera procedé à l'instruction des procez : Sinon que pour cause et grande consideration fust trouué équitable de faire quelque prouision à temps seulement, attendant l'instruction du procez.

XV. La reception en foy et hommage, des fiefs dependans desdictes terres domaniales, au cas d'alienation d'icelles, nous demeureront et appartiendront, ou à noz successeurs : et les profits desdicts fiefs, foy et hommage, et ce qui en dépend, à ceux ausquels lesdictes terres seront deuement et licitement transferees et concedees.

XVI. En quoy ne seront comprins ceux qui tiendront lesdictes terres de nostre Domaine en appanage : A la charge toutes foys d'envoyer par chacun an en nostre chambre des comptes de Paris, les doubles et coppies deuement signees des receptions en foy et hommage à eux faites, ou leurs officiers.

XVII. Les terres domaniales ne se pourront doresnavant aliener par inféodation à vie, à long temps ou perpetuité, ou condition quelle que ce soit : ains se bailleront à ferme à nostre profit, comme noz autres terres et droits. Et de pareille façon sera vsé és terres subiettes a retour à nostre couronne : Et ce sans préiudice des inieodations ia faictes : Pour le regard desquelles enioignons à noz Procureurs s'enquerir bien et diligemment de la cause et forme, pour en faire telle poursuite que de raison.

XVIII. Pour les droicts dépendans de nostre Domaine, sera et pourra estre en tous lieux et Parlemens procédé par saisie.

XIX. Et enjoignons tres-expressement à noz Procureurs tenir la main à la protection, conseruation, poursuite et revnion de nostre Domaine, sur peine de respondre de la perte d'iceluy, qui seroit aduenue par leur faict et faute.

XX. Cevx qui auront charge de receuoir les cautions que sont tenuz de bailler les fermiers des terres Domaniales, et des comptables de noz deniers, auront l'œil et esgard de bien informer er enquerir de la validité et suffisance desdites cautions, et icelles faire renouue'ler quand il escherra : autrement en respondront en leur propre et priué nom, s'il se trouue qu'il y ait de leur faute et negligence.

XXI. Tovs baux à ferme des terres de nostre Domaine, se feront à la charge de ne demander aucun rabbais pour quelque cause que ce soit, sinon pour hostilité et faict de guerre : Et declarons dès à present nulz, tous dons faicts sur les terres et droictz de nostre Domaine baillez à ferme.

EXTRAIT de l'ordonnance de Blois, du mois de mai
1579.

ART. CCCXXIV. Voulons que les édits faits par les rois nos prédécesseurs, pour la conservation du Domaine de nostre couronne, même celui fait par le feu roy Charles, nostre tres-cher seigneur et frere, l'an 1566, contenant les reigles et maximes anciennes de nostredit Domaine, soient exactement et inviolablement gardez et observez. Enjoignons à nos Procureurs généraux et à leurs substituts d'empescher les contraventions, si aucunes se faisoient, à peine de priuation de leurs estats.

CCCXXX. Le doüaire des reines, doüairieres de France, ne pourra à l'avenir estre constitué en terre, sinon jusques à la valeur de trois mille cinq cents trente-trois écus sol de revenu annuel, portant titre de Duché ou Comté : Et le surplus desdits doüaires et de leurs autres conventions matrimoniales, sera assigné sur les aides, tailles et équivalants et autres deniers extraordinaires, à le prendre par les mains du receveur d'iceux.

CCCXXXI. Es alienations et délaissemens des terres de nostre domaine, à quelque titre que ce soit, ne pourra par cy-après estre fait par nous ni nos successeurs roys, aucune cession de droits de nomination des offices extraordinaires desdites terres, ni semblablement des droits royaux dépendans de nostre couronne, comme y estans inseparablement unis et annexez. Defendons à nos cours de Parlement et chambre des comptes d'avoir aucun égard aux lettres qui en pourront par cy-après estre expédiees.

CCCXXXII. Et afin de remettre et réünir nostre Domaine en son ancien état, suivant la requisition qui nous en a esté faite par nosdits estats, avons revoqué et revoquons les ventes, cessions, transports et engagemens imaginaires et simulez, et dont les deniers ne sont tournez à nostre profit, ni de nos predecesseurs roys, semblablement les dons faits par nous et nosdits predecesseurs membres du Domaine de nostre couronne, soit que lesdits dons ayent été faits pour récompense, rémunerations de services, assignation de pensions ou gages, faveur, grace, biens-faits ou autrement, en quelque maniere, pour quelque temps et à quelque personne que ce soit : et icelles part et portions avons réünies et incorporees au principal corps de nostre Domaine, nonobstant toutes verifications faites en nos cours de parlement et chambres des comptes. N'entendons néanmoins comprendre en la presente revocation, les concessions et délaissements faits, tant à titre d'appanage que de doüaire et assignation de deniers dotaux, à la reine nostre très-honorée dame et mere, nostre très-cher et très-amé frere le duc d'Anjou, nos très-cher et très-amées belles-sœurs les reines doüairieres de France, nostre très-chere et très-amée sœur la reine de Navarre, nostre très-chere et amée tante la feüe duchesse de Ferrare, et nostre très-chere et bien amée sœur la duchesse de Montmorency : voulans que pour l'avenir l'ordonnance faite par le feu roy Charles, nostre très-cher seigneur et frere, sur le fait du Domaine, soit gardée et observée, et mesmement que les doüairieres de nostre royaume ne jouissent de leur

L 4

doüaire en terres et domaines ; mais que demeurant la possession du Domaine à nos successeurs, elles perçoivent ce qu'elles devraient avoir de leurdit doüaire par les mains des fermiers : en quoi faisant, leur sera néanmoins laissé un chasteau ou maison pour leur demeure, selon qu'il se trouvera plus commode : et pour la sureté du payement des deniers qui seront à prendre des mains d'iceux fermiers, ils s'obligeront par corps envers lesdites doüairieres et bailleront bonne et suffisante caution de les payer de terme en terme.

CCCXXXIII. Et quant aux terres du Domaine de nostre couronne qui ont esté alienées pour la necessité des guerres, à deniers comptans, en vertu de lettres vérifiées en nos cours de parlement, seront à la diligence de nos tresoriers generaux et procureurs sur les lieux, baillées à ferme judiciairement au plus offrans et derniers encherisseurs, les solemnitez en tel cas requises observées, et selon les instructions qui en seront plus amplement dressées et envoyées à nosdits officiers, sur le prix desquelles fermes seront lesdits acquéreurs préalablement payez de l'interest et rente des deniers qu'ils vérifieront et feront duëment apparoir avoir fournis et estre entrés actuellement en nos finances, sans fraude ou deguisement ; à savoir, à raison du denier dix pour ce qui est situé en nostre pays et duché de Normandie, et du denier douze pour les autres provinces de nostre royaume ; et ce par les mains des fermiers adjudicataires, qui en demeureront spécialement obligez envers lesdits acquéreurs, lesquels néanmoins ne pourront par cy-après faire exercer la justice en leurs noms, ni prétendre aucun droit de provision de benefices ou offices dépendans desdites terres, et le surplus des deniers revenans bons desdites fermes sera employé au rachapt de nostredit Domaine et remboursement des acquéreurs d'iceluy.

EDIT du roi, pour la réunion de ses domaines, du mois d'avril 1667.

Vérifié en parlement et chambre des comptes, le vingtième desdits mois et an.

Louis, par la grace de Dieu, roi de France et de Navarre : A tous présens et à venir. Salut. Bien que npus ayons pourvû au soulagement de nos sujets par de notables décharges, dans un temps où les dissipations passées, les grands remboursemens que nous avons faits des deniers les plus clairs de notre trésor royal, et les autres charges de notre état sembloient ne nous le pouvoir pas permettre ; néanmoins l'amour paternel que nous avons pour eux, nous sollicite continuellement de leur accorder de nouvelles graces. Mais comme l'aliénation des revenus ordinaires de l'état, a nécessité les rois nos prédécesseurs de recourir à des impositions extraordinaires dont nos sujets ont été surchargés ; aussi quelque désir que nous ayons de les bien soulager, il seroit difficile que sans la jouissance de nos revenus et le dégagement du patrimoine de notre couronne, nous puissions leur faire ressentir l'effet de nos bonnes intentions : C'est pour y parvenir, que nous avons supprimé tant de constitutions de nouvelles rentes, et de droits de toute nature, aliénés pour des sommes immenses, et remboursé le tout du fonds de notre trésor royal, quoique la dissipation en fût notoire, et que l'état n'en eût pas été secouru. Mais au milieu de ces bonnes dispositions, l'ouvrage demeureroit imparfait, si ces aliénations étant supprimées, et le remboursement fait, nous n'entreprenions de l'achever, en rentrant dans le patrimoine sacré de notre couronne, pour en jouir et trouver par ce moyen de quoi soulager considérablement nos peuples : C'est par ces considérations que Nous avons pris résolution de faire le rachapt de tous nos domaines, à mesure que l'état de nos affaires et celui de nos finances le pourront permettre. Et bien qu'à cet effet, attendu l'abus visible et notoire qui a été fait depuis trente ou quarante années des reventes et augmentations de finances, qui ont été données aux engagistes, sans qu'il en soit entré aucuns deniers dans nos coffres, Nous puissions nous remettre de plein droit en possession de nosdits domaines, sauf à faire le remboursement desdites finances, avec les intérêts du jour de la dépossession, à mesure que lesdits engagistes rapporteroient les titres de leurs engagemens ; néanmoins comme notre intention est de rentrer dans nos domaines, en gardant toutes les formes et solemnités, remboursant aux engagistes et détempteurs d'iceux, la finance qu'eux ou leurs auteurs auroient valablement et actuellement payée ; aussi Nous avons estimé qu'il étoit à propos, pour prévenir et resoudre toutes les difficultés qui pourroient naître pour raison de ce, d'établir par une déclaration expresse les différentes qualités de notre domaine, régler les conditions du remboursement, et la forme de la réunion, suivant les maximes prescrites par les ordonnances, réglemens, coutumes et usages de notre royaume. A ces causes. Après avoir fait examiner en notre conseil les édits, ordonnances, déclarations, arrêts et réglemens concernant notre domaine, et pris une entière connoissance d'icelui, et des droits qui nous appartiennent ; de l'avis de notredit conseil, et de notre certaine science, pleine puissance et autorité royale, Nous avons

par le présent édit , perpétuel et irrévocable , dit , statué et ordonné , et par ces présentes signées de notre main, disons, statuons
et ordonnons , voulons et nous plaît.

Que tous les domaines aliénés à quelques personnes, pour
quelques causes et depuis quelque temps que ce soit , (à l'exception toutefois des dons faits aux églises , douaires, apanages et
échanges faits sans fraude ni fiction , en conséquence d'édits bien
et duement vérifiés ,) seront et demeureront à toujours réunis à
notre couronne; nonobstant toute prétention de prescription et
espace de temps, pendant lequel les domaines et droits pourroient
avoir été séparés : sans qu'ils en puissent être ci-après distrairs ni
aliénés pour tout ou partie, pour quelque cause que ce puisse
être, si ce n'est pour appanage des enfans mâles puisnés de France,
et à la charge de revision le cas échéant.

Le domaine de notre couronne, est entendu celui qui est expressément consacré , uni et incorporé à notre couronne, ou qui
a été tenu et administré par nos receveurs et officiers par l'espace
de dix années, et est entré en ligne de compte : Et à cet effet la
preuve de la qualité desdits domaines , pourra être faite par des
extraits d'édits, arrêts , déclarations , réglemens , comptes et registres de la chambre de nos comptes, papiers terriers, foys ,
hommages , aveus , dénombremens , baux à Ferme , partages ,
et autres actes concernans les domaines, qui seront tirés des greffes de nos parlemens, chambres de nos comptes , bailliages et sé-
néchaussées , bureaux des trésoriers de France, du trésor et autres.

Tous détempteurs de nos domaines, à quelque titre que ce
puisse être , seront tenus d'en rapporter pardevant les commissaires qui seront par Nous députés, les contrats et autres pieces
justificatives de leur droit : ensemble les quittances de finance qui
aura été par eux payée pour raison de leurs engagemens, pour
leur être pourvu sur leur remboursement , ainsi qu'il appartiendra : autrement et à faute de ce faire dans le temps qui leur sera
prescrit par lesdits commissaires , sera par eux procédé à la réunion desdits domaines , ainsi qu'il appartiendra.

Les commissaires qui seront par nous députés, en procédant à
la réunion de nos domaines et liquidation de la finance des engagistes d'iceux , n'auront aucun égard aux dons et concessions desdits domaines , pour quelque cause et prétexte qu'ils ayent été
faits ; lesquels Nous avons cassés, révoqués et annullés , conformément aux anciennes ordonnances.

Ceux qui auront continué la jouissance de nos domaines au-
delà du temps porté par leurs dons et concessions, ou qui n'auront satisfait aux charges et conditions d'icelles ; seront pareille-

ment condamnés à la restitution des fruits, à compter du jour que le temps de la concession aura été expiré, suivant l'estimation qui en sera faite, et à satisfaire aux charges et conditions d'icelles.

Les détenteurs des domaines qui ne rapporteront aucuns titres de leurs engagemens, ou n'en rapporteront point de valables, seront tenus de restituer les fruits qu'ils en auront perçus pendant leur jouissance et celle de leurs prédécesseurs : Et ne pourra la possession quelque longue qu'elle soit, suppléer le titre ou couvrir le vice d'icelui, ni empêcher la restitution des fruits de la jouissance entière.

Néanmoins les tiers détenteurs qui auront possédé les domaines de bonne foy, seront déchargés de la restitution des fruits, pourvû qu'ils ne contestent pas, après qu'il leur aura été montré que les biens sont domaniaux; et en cas de contestation, ils restitueront les fruits de leurs temps : Et quant à leurs auteurs qui n'auront point de titres valables, ils seront tenus de restituer les fruits des années précédentes, ainsi qu'il est ci-dessus porté.

Les engagistes de nos domaines et droits domaniaux, qui s'en sont rendus adjudicataires à prix d'argent, sans fraude et en vertu d'édits bien et duement registrés dans les compagnies, n'en pourront être dépossédés, que moyennant le remboursement actuel qui leur sera fait de leur véritable finance, frais et loyaux coûts, impenses, et modérations utiles et nécessaires, faites par autorité de justice.

A cet effet, les engagistes seront tenus de représenter pardevant nosdits commissaires, les procès-verbaux faits par les officiers lors desdits engagemens, de l'état des châteaux, fermes, maisons, manoirs et autres bâtimens, terres et choses en dépendantes, avec le procès-verbal d'estimation des revenus desdits domaines; ensemble les contrats et titres de leurs engagemens, leurs quittances de finance, pour être sur le tout procédé à la liquidation d'icelle, ainsi qu'il appartiendra.

Ceux qui se trouveront en possession des terres vaines et vagues, landes, marais, étangs, communes et autres domaines, baillés et concédés à deniers d'entrée, à cens, rentes et redevances, par inféodation, à perpétuité, à temps ou à vie, ou autrement, comme aussi les détempteurs des boutiques, échoppes et places baillées par baux emphitéotiques, seront tenus de représenter les titres et baux de leurs concessions, pour être pourvu à leur remboursement, augmentation, impenses et méliorations, ou les y maintenir et conserver, ainsi qu'il sera jugé par notre conseil, au rapport de nosdits commissaires.

En rapportant par les détempteurs les titres de leurs engage-mens, seront pareillement tenus ceux qui auront été chargés par iceux d'acquitter des charges locales, fiefs et aumônes, d'en représenter l'état avec les quittances, pour être lesdites charges par nous acquittées, si fait n'a été, et être les paiemens qui en seront faits, imputés et précomptés sur la finance qui appartiendra auxdits engagistes.

Nous pourrons rentrer dans nos domaines échangés, en rendant les autres biens et droits qui nous auront été donnés en échange, lorsque nous aurons souffert lézion énorme, ou que l'évaluation desdits domaines aura été faite sans les formalités requises, par fraudes, fiction, et contre les édits et déclarations concernant les domaines. Et à cet effet seront tenus lesdits propriétaires par échange, d'en rapporter les titres, avec les enquêtes, procédures et procès-verbaux d'évaluation, pour en être fait, si besoin est, une nouvelle des choses échangées de part et d'autre, eû égard au temps que les échanges auront été faits.

Où les engagistes de nos domaines ne rapporteront aucuns procès - verbaux d'estimation en bonne forme, de l'état des lieux lors de l'engagement, sera fait enquête dudit état, des plus anciens habitans des lieux, et de gens à ce connoissans, pour ladite enquête rapportée en notre conseil, être ordonné ce que de raison.

Lesdits engagistes qui auront détérioré les lieux, seront tenus de les réparer.

En procédant à la liquidation de la finance des engagistes, les dons, gratifications, pensions, gages, appointemens, arrérages d'iceux, et toutes autres finances, de quelque qualité qu'elles puissent être, en seront rejettées, et n'entreront en liquidation que les deniers comptans que les engagistes justifieront avoir actuellement payés dans nos coffres, en quelques termes, ou pour quelques causes que les quittances soient conçues.

Sera loisible de faire preuve que la finance portée par icelles n'aura pas été actuellement payée en nos coffres, et qu'il aura été employé dans lesdites quittances des remises, dons, arrérages de pensions, gages, appointemens, récompenses, acquit-patens, et autre mauvaise finance ; à laquelle preuve pourront servir les extraits tirés des registres de l'épargne, ordonnances, états de menu de comptant, et autres papiers de l'épargne, registres et comptes des chambres de nos comptes, et de tous autres actes.

Ceux qui sous noms interposés auront de nouveau fait publier et mis aux enchères nos mêmes domaines, dont ils auront été engagistes, et s'en seront rendus adjudicataires, soit sous leurs noms ou sous noms empruntés, seront et demeureront déchus de tous remboursemens portés par les contrats de nouvelles adjudications, quelques quittances qu'ils en rapportent, et n'entrera en liquidation que la finance du premier engagement. Ce qui aura pareillement lieu contre les engagistes qui rapporteront des contrats de seconde ou plusieurs reventes et adjudications faites en vertu d'un seul et même édit, si ce n'est qu'ils justifient leurs enchères avoir été forcées, et en avoir mis en nos coffres actuellement les deniers.

Les engagistes de nos domaines, dans l'étendue desquels se trouvent des bois de haute-futaye, en rapportant les titres de leurs engagemens, seront pareillement tenus de représenter les ptocès-verbaux de visitation desdits bois, faits lors des engagemens d'iceux, par les officiers des eaux et forêts, autrement sera informé de l'état auquel étaient lesdits bois de haute-futaye, et des anciens entendus sur le fait desdites dégradations, pour l'information rapportée, y être pourvû ainsi qu'il appartiendra.

Les engagistes qui auront abbattu nos bois de haute-futaye sans nos lettres-patentes bien et duement registrées, et contre les défenses portées par nos ordonnances, ou avancé les coupes des taillis, ruiné ou dégradé les forêts et bois de notre domaine, en quelque sorte et manière que ce puisse être, seront tenus outre la restitution de la valeur et profit d'icelle, suivant la juste estimation, de payer les dommages et intérêts.

L'estimation de nos forêts et bois de haute-futaye qui auront été coupés ou ou dégradés, sera faite selon la plus haute valeur à laquelle ils auroient pû monter, s'il n'avaient point été coupés avant le temps, sans que les reventes qui pourraient avoir été faites en domaines, depuis la coupe ou dégradation desdits bois, en puissent empêcher la recherche et la restitution, qui nous sera faite par ceux qui auront fait lesdites coupes et dégradations, le tout suivant le rapport qui en sera fait par les anciens habitans des lieux, et au dire des gens à ce connaissans.

Lesdits engagistes qui auront joui de la coupe des taillis recrûs sur les bois de haute-futaye, qui auront été coupés ou dégradés depuis leur première adjudication, seront tenus de nous rendre et restituer le prix provenu desdites coupes, dont ils rapporteront la justification en bonne forme, sinon la liquidation en sera faite au dire d'experts et gens à ce connaissans, sur le plus haut prix que lesdits taillis auront été vendus pendant le temps de leur jouissance, sans que les reventes faites depuis lesdites coupes puissent empêcher la restitution.

Si lesdites aliénations se trouvent faites au préjudice et contre les termes des édits et déclarations bien et dûement registrées, que les contrats soient frauduleux, les quittances deffectueuses, ou les adjudications vicieuses, pour quelques causes que ce puisse être, les commissaires par nous députez en ordonneront incontinent la réunion, sauf à les rembourser suivant qu'ils justifieront après leur dépossession, par de bons et valables titres.

Ceux qui donneront avis et fourniront des mémoires de nos domaines usurpés ou aliénés, dont n'aura été fait aucun état, auront le dixième de ce qui nous en reviendra, dont ils seront actuellement et préférablement payés, suivant la liquidation qui en sera faite par nosdits commissaires.

Et à l'effet de ce que dessus, voulons qu'en rapportant par le garde de notre trésor royal, ou autres qui pourront faire lesdits remboursemens, les quittances de finance, contrats et autres titres de leurs engagemens, et les liquidations qui en seront faites par lesdits sieurs commissaires, avec la quittance desdits engagistes, la dépense en soit passée à leurs comptes, sans obliger lesdits propriétaires et possesseurs desdits domaines, de rapporter aucuns avis ni vérification de finance de nos chambres des comptes, dont nous les avons dispensés et dispensons par ces présentes.

EDIT du roi, portant réglement pour les évaluations des domaines du roi.

Donné à Versailles au mois d'octobre 1711.

ARTICLE PREMIER.

Qu'à l'avenir lorsqu'il s'agira de faire l'estimation et évaluation d'aucuns de nos domaines, soit de ceux qui seront donnez en apanage aux princes de nostre maison, ou qui seront assignez pour la dot ou le douaire des reynes, mesme de ceux qui seront échangez contre des terres et seigneuries de nos sujets, il y soit procédé par les commissaires qui seront par nous nommez et députez par lettres-patentes que nous ferons expédier à cet effet.

II. Abrogeons l'usage qui s'est pratiqué en plusiears occasions de faire faire des évaluations par des commissaires particuliers de nostre conseil, et pareillement celui que nos chambres des comptes avaient introdit de nommer et choisir de leur autorité des commissaires pour faire de nouvelles évaluations des mesmes domaines, ce que nous leur avons expressément défendu et défendons par ces présentes.

III. Voulons que tous les procez-vetbaux d'évaluation qui seront dressez par nos commissaires, soient rapportez en nostre conseil, pour y estre examinez et en estre par nous ordonné ainsi qu'il appartiendra; et en cas que nous jugions à propos de les confirmer, nous en ferons expédier nos lettres-patentes, que nous ferons ensuite enregistrer en notre chambre des comptes, pour estre exécutées selon leur forme et teneur.

IV. Voulons aussi et ordonnons que lorsque les commissaires qui seront par nous députez pour faire lesdites évaluations, seront choisis et nommez d'entre les officiers d'une de nos chambres des comptes, les procédures soient faites pendant le cours desdites évaluations à la requeste de notre procureur général en ladite chambre, et qu'à cet effet il soit nommé dans la commission, et puisse assister à toute l'instruction qui sera faite en conséquence, pour y requérir, conclure, contester, s'opposer et stipuler ce qui conviendra pour le bien de nostre service, mesme assister aux délibérations, sans néanmoins y opiner.

DÉCRET *de l'assemblée nationale, du* 1.ᵉʳ *décembre* 1790.

L'assemblée nationale, considérant, 1.º que le domaine public a formé pendant plusieurs siècles la principale et presque l'unique source de la richesse nationale, et qu'il a long-temps suffi aux dépenses ordinaires du gouvernement; que livré, dès le principe, à des déprédations abusives et à une administration vicieuse, ce domaine précieux, sur lequel reposait alors la prospérité de l'état, se serait bientôt anéanti, si ses pertes continuelles n'avaient été réparées de différentes manières, et sur-tout par la réunion des biens particuliers des princes qui ont successivement occupé le trône.

2.º Que le domaine public, dans son intégrité et avec ses divers accroissemens, appartient à la nation; que cette propriété est la plus parfaite qu'on puisse concevoir, puisqu'il n'existe aucune autorité supérieure qui puisse la modifier ou la restreindre; que la faculté d'aliéner, attribut essentiel du droit de propriété, réside également dans la nation; et que si dans des circonstances particulières elle a voulu en suspendre pour un temps l'exercice, comme cette loi suspensive n'a pu avoir que la volonté générale pour base , elle est de plein droit abolie , dès que nation , légalement représentée , manifeste une volonté contraire.

3.º Que le produit du domaine est aujourd'hui trop au-dessous des besoins de l'état, pour remplir sa destination primitive ; que la maxime de l'aliénabilité devenue sans motif , serait encore préjudiciable à l'intérêt public , puisque des possessions foncières , livrées à une administration générale , sont frappées d'une sorte de stérilité , tandis que dans la main de propriétaires actifs et vigilans , elles se fertilisent, multiplient les subsistances , animent la circulation , fournissent des alimens à l'industrie , et enrichissent l'état.

4.º Que toute concession , toute distraction du domaine public , est essentiellement nulle ou révocable , si elle est faite sans le concours de la nation ; qu'elle conserve sur les biens ainsi distraits la même autorité et les mêmes droits que sur ceux qui sont restés dans ses mains ; que ce principe , qu'aucun laps de temps ne peut affaiblir , dont aucune formalité ne peut éluder l'effet , s'étend à tous les objets détachés du domaine national , sans aucune exception.

Considérant enfin que ce principe , exécuté d'une manière trop rigoureuse, pourrait avoir de grands inconvéniens dans l'ordre civil , et causer une infinité de maux partiels , qui influent toujours plus ou moins sur la somme du bien général ; qu'il est de la dignité d'une grande nation , et du devoir de ses représentans , d'en tempérer la rigueur et d'établir des règles fixes , propres à concilier l'intérêt national avec celui de chaque citoyen ; décrète ce qui suit :

§. I.er

De la nature du domaine national et de ses principales divisions.

ARTICLE PREMIER.

Le domaine national , proprement dit , s'entend de tous les droits réels ou mixtes qui appartiennent à la nation , soit qu'elle ait seulement le droit d'y rentrer par voie de rachat , droit de réversion ou autrement.

II. Les chemins publics , les rues et places des villes , les fleuves et rivières navigables , les rivages , lais et relais de la mer , les ports , les hâvres , les rades , etc. , et en général toutes les portions du territoire national , qui ne sont pas susceptibles

ceptibles d'une propriété privée , sont considérées comme des dépendances du domaine public.

III. Tous les biens et effets , meubles ou immeubles demeurés vacans et sans maîtres , et ceux des personnes qui décèdent sans héritiers légitimes , ou dont les successions sont abandonnées , appartiennent à la nation.

IV. Le conjoint survivant pourra succéder à défaut de parens , même dans les lieux où la loi territoriale a une disposition contraire.

V. Les murs et fortifications des villes entretenues par l'état, et utiles à sa défense , font partie des domaines nationaux ; il en est de même des anciens murs, fossés et remparts de celles qui ne sont point places fortes ; mais les villes et communautés qui en ont la jouissance actuelle , y seront maintenues si elles sont fondées eu titres , ou si leur possession remonte à plus de dix ans ; et à l'égard de celles dont la possession aurait été troublée ou interrompue depuis quarante ans , elles y seront rétablies. Les particuliers qui justifieront de titres valables , ou d'une possession paisible et publique depuis quarante ans , seront également maintenus dans leur propriété et jouissance.

VI. Les biens particuliers du prince qui parvient au trône , et ceux qu'il acquiert pendant son règne , à quelque titre que ce soit , sont de plein droit et à l'instant même , unis au domaine de la nation , et l'effet de cette union est perpétuel et irrévocable.

VII. Les acquisitions faites par le roi à titre singulier , et non en vertu des droits de la couronne , sont et demeurent , pendant son règne , à sa libre disposition ; et ledit temps passé , elles se réunissent de plein droit et à l'instant même au domaine public.

§. I I.

Comment et à quelles conditions les domaines nationaux peuvent être aliénés.

VIII. Les domaines nationaux et les droits qui en dépendent sont et demeurent inaliénables , sans le consentement et le concours de la nation ; mais ils peuvent être vendus et aliénés à titre perpétuel et incommutable , en vertu d'un décret formel du corps législatif sanctionné par le roi , en observant les formalités prescrites pour la validité de ces sortes d'aliénations.

IX. Les droits utiles et honorifiques ci-devant appelés régaliens ; et notamment ceux qui participent de la nature de l'impôt,

Des domaines engagés.   M

comme droits d'aides et autres y joints, contrôle, insinuation, centième denier, droits de nomination et de casualité des offices, amendes, confiscations, greffes, sceaux, et tous autres droits semblables, ne sont point communicables ni cessibles ; et toutes concessions de droits de ce genre, à quelque titre qu'elles aient été faites, sont nulles et en tout cas révoquées par le présent décret.

X. Les droits utiles, mentionnés en l'article précédent, seront, à l'instant de la publication du présent décret, réunis aux finances nationales ; et dès-lors ils seront administrés, régis et perçus par les commis, agens ou préposés des compagnies établies par l'administration actuelle, dans la même forme et à la charge de la même comptabilité que ceux dont la régie et administration leur est actuellement confiée.

XI. Les obligations que le roi pourrait avoir contractées pour rentrer dans les droits ainsi concédés, seront annullées, comme ayant été consenties sans cause, et les rentes cesseront du jour de la publication du présent décret.

XII. Les grandes masses de bois et forêts nationales demeurent exceptées de la vente et aliénation des biens nationaux, permise ou ordonnée par le présent décret et autres décrets antérieurs.

XIII. Aucun laps de temps, aucune fin de non-recevoir ou exception, excepté celles résultantes de l'autorité de la chose jugée, ne peuvent couvrir l'irrégularité connue et bien prouvée des aliénations faites sans le consentement de la nation.

XIV. L'assemblée nationale exempte de toute recherche, et confirme en tant que de besoin, 1.º les contrats d'échange faits régulièrement dans la forme, et consommés sans fraude, fiction ni lésion, avant la convocation de la présente session. 2.º Les ventes et aliénations pures et simples, sans clause de rachat, même les inféodations, dons et concessions à titre gratuit, sans clause de réversion, pourvu que la date de ces aliénations à titre onéreux ou gratuit, soit antérieure à l'ordonnance de février 1566.

XV. Tout domaine dont l'aliénation aura été révoquée ou annullée en vertu d'un décret spécial du corps législatif, pourra être sur-le-champ mis en vente, avec les formalités prescrites pour l'aliénation des biens nationaux, à la charge par l'acquéreur d'indemniser le possesseur, et de verser le surplus du prix à la caisse de l'extraordinaire.

§. III.

Des apanages.

XVI. Il ne sera concédé à l'avenir aucuns apanages réels. Les fils puînés de France seront élevés et entretenus aux dépens de la liste civile, jusqu'à ce qu'ils se marient et qu'ils aient atteint l'âge de vingt-cinq ans accomplis. Alors il leur sera assigné sur le trésor national des rentes apanagères, dont la quotité sera déterminée à chaque époque par la législature en activité.

XVII. Les fils puînés de France et leurs enfans et descendans ne pourront, en aucun cas, rien prétendre ni réclamer dans les biens-meubles ou immeubles délaissés par le roi, la reine et l'héritier présomptif de la couronne.

§. IV.

Des échanges.

XVIII. Tous contrats d'échange des biens nationaux non consommés, et ceux qui ne l'ont été que depuis la convocation de l'assemblée nationale, seront examinés, pour être confirmés ou annullés par un décret formel des représentans de la nation.

XIX. Les échanges ne seront censés consommés qu'autant que toutes les formalités prescrites par les lois et réglemens auront été observées et accomplies en entier; qu'il aura été procédé aux évaluations ordonnées par l'édit d'octobre 1711, et que l'échangiste aura obtenu et fait enregistrer dans les cours les lettres de ratifications nécessaires pour donner à l'acte son dernier complément.

XX. Tous contrats d'échange des biens domaniaux pourront être révoqués et annullés, malgré l'observation exacte des formes prescrites, s'il s'y trouve fraude, fiction ou simulation, et si le domaine a souffert une lésion du huitième, eu égard au temps de l'aliénation.

XXI. L'échangiste dont le contrat sera révoqué, sera au même instant remis en possession réelle et actuelle de l'objet par lui cédé en contr'échange, sauf les indemnités respectives qui pourraient être dues; s'il a été payé des soultes ou retours de part ou d'autre, ils seront rendus à la même époque, et si les soultes n'ont pas été payées, il sera fait raison des intérêts pour le temps de la jouissance.

XXII. Les échangistes qui auront rempli toutes les conditions prescrites, et qui, par le résultat des opérations, se sont trouvés débiteurs d'une soulte dont ils ont dû payer les intérêts jusqu'à ce qu'ils eussent fourni des biens et domaines fonciers de la même nature, qualité et valeur, seront admis à payer lesdits retours ou soultes, avec les intérêts en deniers ou assignats, sans aucune retenue. L'administrateur général des domaines sera autorisé à donner toute quittance bonne et valable, et il sera tenu de verser le tout dans la caisse de l'extraordinaire.; et à cet effet, on retirera des greffes des chambres des comptes, et autres dépôts publics, tous les renseignemens nécessaires.

§. V.

Des engagemens, des dons et concessions à titre gratuit ou rémunératoire, baux à rente ou à cens, etc.

XXIII. Tous contrats d'engagement des biens et droits domaniaux postérieurs à l'ordonnance de 1566, sont sujets à rachat perpétuel; ceux d'une date antérieure n'y seront assujétis qu'autant qu'ils en contiendront la clause expresse.

XXIV. Les ventes et aliénations des domaines nationaux, postérieures à l'ordonnance de 1566, seront réputées simples engagemens, et comme telles, perpétuellement sujettes à rachat, quoique la stipulation en ait été omise au contrat, ou même qu'il contienne une disposition contraire.

XXV. Aucuns détempteurs de biens domaniaux sujets à rachat, ne pourront être dépossédés sans avoir préalablement reçu ou été mis en demeure de recevoir leur finance principale avec ses accessoires.

XXVI. En procédant à la liquidation de la finance due aux engagistes, les sommes dont il aura été fait remise ou compensation, lors du contrat d'engagement, à titre de don, gratification, acquits-patens ou autrement, seront rejetées; on ne pourra faire entrer en liquidation que les deniers comptans réellement versés en espèce au trésor public, en quelques termes, ou pour quelques causes que les quittances soient conçues, et la preuve du contraire pourra être faite par extraits tirés des registres du trésor public, états de menus et comptans, et autres papiers de même genre, registres et comptes des chambres des comptes, et tous autres actes.

XXVII. Tous engagistes et détempteurs des domaines nationaux moyennant finance, pourront en provoquer la vente et adjudication définitive. Pour y parvenir, ils en feront leur déclaration au comité d'aliénation de l'assemblée nationale et aux directoires de département et de district , de la situation du chef-lieu ; et au moyen de cette déclaration , les biens engagés seront mis en vente, en observant les formalités prescrites par les décrets , après avoir été préalablement estimés, sans pouvoir être adjugés au-dessous du prix de l'estimation ; et l'adjudication n'en sera faite qu'à la charge de rembourser au concessionnaire ou détempteur la finance primitive avec les accessoires , et de verser le surplus , s'il y en a , à la caisse de l'extraordinaire.

XXVIII. Les dons , concessions et transports à titre gratuit de biens et droits domaniaux faits avec clause de retour à la couronne , à quelqu'époque qu'ils puissent remonter , et tous ceux d'une date postérieure à l'ordonnance de 1566 , quand même la clause du retour y serait omise , sont et demeurent révocables à perpétuité, même avant l'expiration du terme auquel la réversion à la couronne aurait été fixée par le titre primitif.

XXIX. Les baux emphitéotiques , les baux à une ou plusieurs vies , sont réputés aliénations ; en conséquence , les détempteurs des biens compris en iceux , et en général tous fermiers des biens et usines nationaux , dont les baux excéderaient la durée de neuf années , remettront au comité des domaines , dans le délai d'un mois, des copies collationnées de leurs baux et emphytécses , pour être examinés par le comité , et ensuite , sur son rapport , être statué sur leur entretien et sur leur résiliation.

XXX. Tous acquéreurs ou détempteurs des domaines nationaux , les rendront lors de la cessation de leur jouissance , en aussi bon état qu'ils étaient lors de la concession , et ils seront tenus des dégradations et malversations commises par eux, ou par personnes dont ils doivent répondre.

XXXI. Les aliénations faites jusqu'à ce jour par contrat d'inféodation , baux à cens ou à rente des terres vaines et vagues , landes , bruyères , palus , marais et terrains en friches , autres que ceux situés dans les forêts , ou à cent perches d'icelles , sont confirmées et demeurent irrévocables par le présent décret, pourvu qu'elles ayent été faites sans dol ni fraude , et dans les formes prescrites par les réglemens en usage au jour de leur date.

§. V I.

Dispositions générales.

XXXII. Aucun concessionnaire ou détempteur , quel que soit

son titre, ne peut disposer des bois de haute futaie, non plus que des taillis recrûs sur les futaies coupées ou dégradées.

XXXIII. Il en est de même des pieds corniers, arbres de lisière, baliveaux anciens et modernes, des bois taillis, dont il est d'ailleurs défendu d'avancer, retarder ni intervertir les coupes.

XXXIV. Il est expressément enjoint, par le présent décret, à tous concessionnaires ou détempteurs des biens nationaux, à quelque titre qu'ils en jouissent, de présenter au comité des domaines de l'assemblée nationale et au directoire du département de la situation du chef-lieu de ces domaines, dans trois mois, à compter du jour de la publication du présent décret, des copies sur papier libre, collationnées par officier public, des titres de leurs acquisitions, des procès-verbaux qui ont dû précéder l'entrée en jouissance, des quittances de finance, si aucunes ont été payées, des baux qui en auront été consentis, et en général de tous les actes, titres et renseignemens qui pourront en constater la consistance, la valeur et le produit, et faire connaître le montant des charges dont ils sont grévés ; et faute par eux d'y satisfaire dans le délai prescrit, ils seront condamnés à la restitution des fruits, du jour qu'ils sont en demeure.

XXXV. Les engagistes ou concessionnaires à vie, ou pour un temps déterminé, des biens et droits domaniaux, leurs héritiers ou ayans cause, se renfermeront exactement dans les bornes de leurs titres, sans pouvoir se maintenir dans la jouissance desdits biens, après l'expiration du terme prescrit, sous peine d'être condamnés au paiement du double des fruits perçus depuis leur indue jouissance.

XXXVI. La prescription aura lieu à l'avenir pour les domaines nationaux dont l'aliénation est permise par les décrets de l'assemblée nationale, et tous les détempteurs d'une portion quelconque desdits domaines, qui justifieront en avoir joui par eux-mêmes ou par leurs auteurs, à titre de propriétaires, publiquement et sans trouble pendant quarante ans continuels, à compter du jour de la publication du présent décret, seront à l'abri de toute recherche.

XXXVII. Les dispositions comprises au présent décret, ne seront exécutées à l'égard des provinces réunies à la France, postérieurement à l'ordonnance de 1566, qu'en ce qui concerne les aliénations faites depuis la date de leur réunion respective, les aliénations précédentes devant être réglées suivant les lois lors en usage dans ces provinces.

XXXVIII. L'assemblée nationale abroge, en tant que de besoin, toute loi ou réglement contraire au présent décret.

*Loi qui rétablit les communes et les citoyens dans les pro-
priétés et droits dont ils ont été dépouillés par l'effet de
la puissance féodale.*

Du 28 août 1792.

L'assemblée nationale considérant qu'il est instant de rétablir
les communes et les citoyens dans les propriétés et droits dont
ils ont été dépouillés par l'effet de la puissance féodale, décrète
qu'il y a urgence.

L'assemblée nationale, après avoir décrété l'urgence, décrète
ce qui suit :

ARTICLE PREMIER.

L'article IV du titre XXV de l'ordonnance des eaux et forêts
de 1669, ainsi que tous édits, déclarations, arrêts du conseil
et lettres-patentes qui, depuis cette époque, ont autorisé les
triages, partages, distributions partielles ou concessions de bois et
forêts domaniales et seigneuriales, au préjudice des communautés
usagères, soit dans les cas, soit hors des cas permis par ladite
ordonnance, et tous les jugemens et actes faits en conséquence,
sont révoqués et demeurent à cet égard comme non avenus.

Et pour rentrer en possession des portions de leurs biens communaux, dont elles ont été privées par l'effet de ladite ordonnance et desdits édits et déclarations, arrêts, lettres-patentes,
jugemens et actes, les communautés seront tenues de s. pourvoir,
dans l'espace de cinq ans, pardevant les tribunaux, sans pouvoir
prétendre aucune restitution des fruits perçus, et sans qu'il
puisse y avoir lieu contre elles à une action en indemnité pour
cause d'impenses.

II. Les édits, déclarations, arrêts du conseil, lettres-patentes
et tous les jugemens rendus et actes faits en conséquence, qui
depuis la même année 1669, ont distrait, sous prétexte du droit
de tiers-denier au profit de certains seigneurs des ci-devant provinces de Lorraine, du Barrois, du Clermontois et autres, où ce
droit pourrait avoir eu lieu, des portions de bois et autres biens
dont les communautés jouissent à titre de propriété ou d'usages,
sont également révoqués ; et les communautés pourront, dans
le temps et par les voies indiquées par l'article précédent, rentrer
dans la jouissance desdites portions, sans aucune répétition des
fruits perçus, sauf aux ci-devant seigneurs à percevoir le droit
de tiers-denier sur le prix des ventes de bois et autres biens dont

les communautés ne sont qu'usagères, dans les cas où ce droit se trouvera réservé dans le titre primitif de concession de l'usage, qui devra être représenté.

III. Les dispositions portées par les deux articles précédens, n'auront lieu qu'autant que des ci-devant seigneurs se trouveront *en possesion actuelle* desdites portions de bois et autres biens dont les communautés auront été dépossédées; mais elles ne pourront exercer aucune action en délaissement, si des ci-devant seigneurs ont vendu lesdites portions à des particuliers non seigneurs, par des actes suivis de leur exécution.

IV. Si les ci-devant seigneurs n'ont pas reçu le prix desdites portions de biens vendus dans le cas exprimé par l'article précédent, ce prix tournera au profit des communautés avec les intérêts qui pourraient se trouver dûs; et dans le cas où lesdites portions auraient été aliénées à titre de bail à cens, emphitéose, ou de tout autre bail à rente, les rentes stipulées, ainsi que les arrérages et le prix du rachat, tourneront également au profit des communautés.

V. Conformément à l'article VIII du décret du 19 septembre 1790, les actions en cantonnement continueront d'avoir lieu dans les cas de droit, et le cantonnement pourra être demandé, tant par les usagers que par les propriétaires.

VI. Et néanmoins, tous les cantonnemens prononcés par édits, déclarations, arrêts du conseil, lettres-patentes et jugemens, ou convenus par transactions et autres actes de ce genre, pourront être revisés, cassés ou réformés par les tribunaux de district. Tous jugemens, accords ou transactions qui auraient ordonné ou autorisé des arpentemens, agrimensations, bornages ou repassemens de chaînes entre les communautés, ou les particuliers et les ci-devant seigneurs, ou qui à ce sujet, auraient adjugé des revenans-bon à ces derniers, pourront être également revisés, cassés ou réformés; et pour l'effet des dispositions ci-dessus, les communautés seront tenues de se pourvoir, dans le délai de cinq ans, pardevant les tribunaux ordinaires.

VII. Les communes sont autorisées à revendiquer la propriété et jouissance des biens fonds qui, depuis le mois d'août 1669, auront été adjugés lors du remboursement de leurs bans aux ci-devant seigneurs, à titre de blancs ou de deshérence, ainsi que ceux qui leur auront été cédés pour se redimer de l'exercice ou effet de ce droit.

VIII. Les communes qui justifieront avoir anciennement possédé des biens ou droits d'usages quelconques, dont elles auront été dépouillées en totalité ou en partie par des ci-devant seigneurs, pourront se faire réintégrer dans la propriété et possession desdits biens ou droits d'usage , nonobstant tous édits , déclarations , arrêts du conseil , lettres-patentes , jugemens , transactions et possessions contraires , à moins que les ci-devant seigneurs ne représentent un acte authentique qui constate qu'ils ont légitimement acheté lesdits biens.

IX. Les terres vaines et vagues ou gastes , landes , biens hermes ou vacans , garrigues , dont les communautés ne pourraient pas justifier avoir été anciennement en possession , sont censés leur appartenir , et leur seront adjugés par les tribunaux , si elles forment leur action dans le délai de cinq ans , à moins que les ci-devant seigneurs ne prouvent , par titres ou par possession exclusive , continuée paisiblement et sans trouble pendant quarante ans, qu'ils en ont la propriété.

X. Dans les cinq départemens qui composent la ci - devant province de Bretagne , les terres actuellement vaines et vagues non arrentées , afféagées ou accensées jusqu'à ce jour , connues sous les noms de *communes , frost , frostages , franchises , galois , etc. etc.*, appartiendront exclusivement , soit aux communes, soit aux habitans des villages , soit aux ci-devant vassaux , qui sont actuellement en possession du droit de communer , mitoyer ; couper des landes , bois ou bruyères , pacager ou mener leurs bestiaux dans lesdites terres situées dans l'enclave ou le voisinage des ci-devant fiefs.

XI. Celles des terres mentionnées dans les deux articles précédens , qui ne se trouveraient pas circonscrites dans le territoire particulier d'une commune ou d'une ci-devant seigneurie , sont censées appartenir à la nation , sans préjudice des droits que les communautés ou les particuliers pourraient y avoir acquis , et qu'ils seront tenus de justifier par titres ou par possession de quarante ans.

XII. Pour statuer sur les demandes en révision , cassation ou réformation de cantonnement , ou sur des questions de propriété , de servitude ou d'usage , s'il y a concours de plusieurs titres , le plus favorable aux communes et aux particuliers sera toujours préféré , sans avoir égard au plus ou au moins d'ancienneté de leur date , ni même à l'autorité de la chose jugée en faveur des ci-devant seigneurs.

XIII. Si les biens mentionnés dans les articles VI , VII et VIII ci-dessus , ont été vendus par les ci-devant seigneurs , si le prix ne leur en a pas été payé , ou si lesdits biens ont été par eux aliénés à titre de cens , emphitéose , ou à titre de tout autre bail à rente les droits respectifs des parties intéressées seront réglés conformément aux dispositions des articles III et IV du présent décret.

XIV. Tous les arbres existant actuellement sur les chemins publics, autres que les grandes routes nationales, et sur les rues des villes, bourgs et villages, sont censés appartenir aux propriétaires riverains, à moins que les communes ne justifienr en avoir acquis la propriété par titre ou possession.

XV. Tous les arbres actuellement existant sur les places des villes, bourgs et villages, ou dans des marais, prés et autres biens dont les communautés ont ou recouvreront la propriété, sont censés appartenir aux communautés, sans préjudice des droits que des particuliers non seigneurs pourraient y avoir acquis par titre ou par possession.

XVI. Dans le cas même où les arbres mentionnés dans les deux articles précédens, ainsi que ceux qui existent sur les fonds mêmes des riverains, auraient été plantés par les ci-devant seigneurs, les communautés et les riverains ne seront tenus à aucune indemnité, ni à aucun remboursement pour frais de plantation ou autres.

XVII. Dans les lieux où les communes pourraient être dans l'usage de s'approprier les arbres épars sur les fonds des propriétaires particuliers, ces derniers auront la libre disposition desdits arbres.

XVIII. Jusqu'à ce qu'il ait été prononcé relativement aux arbres plantés sur les grandes routes nationales, nul ne pourra s'approprier lesdits arbres et les abattre : leurs fruits seulement, les bois morts appartiendront aux propriétaires riverains ; il en sera de même des émondages quand il sera utile d'en faire, ce qui ne pourra avoir lieu que de l'agrément des corps administratifs, à la charge par lesdits riverains d'entretenir lesdits arbres et de remplacer les morts.

XIX. Il est dérogé aux lois antérieures en tout ce qu'elles renferment de contraire aux dispositions du présent décret.

LOI relative aux biens concédés à titre d'engagement par l'ancien gouvernement.

Du 3 septembre 1792, l'an quatrième de la Liberté.

L'assemblée nationale, considérant que les intérêts de la nation commandent sa plus prompte réintégration dans les biens considérables abusivement concédés à titre d'engagement par l'ancien gouvernement, décrète qu'il y a urgence.

L'assemblée nationale, après avoir ouï le rapport de son comité des domaines et décrété l'urgence, décrète ce qui suit :

ARTICLE PREMIER.

Toutes les aliénations des domaines nationaux déclarées révocables par la loi du premier décembre 1790, sur la législation domaniale, autres par conséquent que celles faites en vertu des décrets de l'assemblée nationale, sont et demeurent révoquées par le présent décret.

II. Il sera incessamment procédé à la réunion des biens compris dans lesdites aliénations ; la régie des domaines est chargée de la poursuivre ; et pour cet effet, elle se conformera à ce qui est prescrit ci-après.

III. Les détenteurs desdits biens seront tenus de remettre leurs contrats, quittances de finance et autres titres relatifs à leur remboursement, au commissaire national, directeur général de la liquidation, dans les trois mois qui suivront la publication du présent décret.

Ils seront tenus de justifier de cette remise, quinzaine après, en remettant le certificat du commissaire liquidateur, au bureau d'enregistrement dans l'arrondissement duquel les biens seront situés ; et *pro duplicata*, lorsque les biens compris dans un acte d'aliénation se trouveront situés dans l'arrondissement de plusieurs bureaux : le receveur en donnera son récépissé.

Cette remise tiendra lieu de consentement à la dépossession.

IV. Les détenteurs qui se seront conformés à ce qui est prescrit par l'article précédent, ne pourront être dépossédés sans avoir préalablement reçu, ou été mis en demeure de recevoir, les sommes auxquelles leur finance et ses accessoires auront été liquidés ; ils percevront jusqu'à cette époque, les fruits et produits des biens, à la charge de les entretenir en bon état et d'en acquitter les charges et contributions.

Cependant l'état des biens pourra être constaté pendant cette jouissance, en la forme prescrite par l'article ci-après.

V. Les détenteurs qui se croiront dans quelque cas d'exception, et en droit de se faire déclarer propriétaires incommutables, conformément à la loi du premier décembre 1790, sur la législation domaniale, seront tenus de se pourvoir, dans le même délai de trois mois, devant le tribunal du district, de la situation des biens, pour faire statuer ce qu'il appartiendra contradictoirement avec la régie, en présence du procureur-général-syndic du département, et sur les conclusions du commissaire national.

L'instruction de ces instances aura lieu par simples mémoires respectivement communiqués, sans aucuns frais, autres que ceux du papier timbré et de signification des jugemens interlocutoires et définitifs.

Les jugemens rendus par le premier tribunal de district, seront sujets à l'appel.

VI. Les délais prescrits par les articles III et V, sont prorogés d'une année pour les détenteurs absens du royaume, pour aucune des causes légitimes déterminées par les lois;

Et à deux années pour les détenteurs résidant au-delà du Cap de Bonne-Espérance.

VII. Les détenteurs qui ne se seront pas conformés à ce qui est prescrit par l'article III du présent décret, ou qui ne se seront pas pourvus devant les tribunaux, seront dépossédés à l'instant de l'expiration des délais fixés par les articles III, V et VI ci-dessus.

Ils seront tenus de rendre compte des fruits, depuis le jour de la publication du présent décret.

La même restitution de fruits sera ordonnée contre ceux dont la maintenue sera rejettée.

VIII. La régie prendra possession des biens, par un procès-verbal dressé sans frais par le juge de paix du canton de la situation des biens.

La régie en fera remettre copie, dans les huit jours qui suivront, au directoire du district dans le territoire duquel les biens seront situés; elle sera pareillement tenue de lui donner connaissance du consentement ou de l'opposition des détenteurs à leur dépossession.

Dans le même délai de huitaine, la régie fera publier le procès-verbal de sa prise de possesion, dans toutes les municipalités sur le terroir desquelles lesdits biens, ou partie, se trouveront situés.

Dès cette époque, les fermiers seront tenus de verser entre les mains des receveurs particuliers des droits d'enregistrement, le prix de leurs baux; et les intendans ou régisseurs, les produits des biens qui leur sont confiés, et qui écherront à compter de la prise de possession.

IX. Dans les quinze jours qui suivront la prise de possession, ou le consentement donné par les détenteurs, conformément à l'article III du présent décret, la régie fera vérifier et constater l'état des biens, contradictoirement avec le détenteur.

Le rapport des experts contiendra en autant d'articles séparés, l'état 1.° des fonds d'héritages; 2.° des bâtimens; 3.° des droits incorporels; 4. des biens de toute autre nature.

Les experts constateront et estimeront les dégradations et diminutions, ou les augmentations et améliorations faites dans lesdits biens par les détenteurs.

X. Pour l'exécution de l'article précédent, la régie fera notifier aux détenteurs et à leur domicile pour ceux résidant en France, et au domicile de la personne chargée de la perception des revenus pour ceux résidant hors du royaume, la personne qu'elle aura choisie pour son expert, avec sommation d'en nommer un de leur part, dans le délai de huitaine. Ce délai sera augmenté d'un jour par dix lieues pour ceux qui sont domiciliés au-delà de cette distance du tribunal ci-après indiqué. Faute par les détenteurs de nommer leur expert dans le délai ci-dessus, il sera nommé d'office par le tribunal du district sur le territoire duquel le chef-lieu ou la majeure partie desdits biens sera situé.

Dans le cas où les deux experts se trouveraient partagés dans leur avis, chacun d'eux fera, dans le procès-verbal ses observations sur les articles susceptibles de difficultés; et le tribunal nommera un troisième expert pour les départager.

Tous les experts prêteront serment de procéder en leur ame et conscience aux visites et estimations dont ils seront chargés, et ils déposeront leurs procès-verbaux au greffe du tribunal, pour en être délivré des expéditions aux parties qui les requerront, et à leurs frais.

XI. Les détenteurs des biens seront tenus de remettre aux experts, lorsqu'ils feront la visite des lieux, des copies sur papier libre, collationnées par un officier public, des titres de leurs engagemens, des procès-verbaux qui ont dû précéder l'entrée en jouissance en vertu desdits titres; et en général de tous les actes et renseignemens qui pourront en constater la consistance, la valeur et le produit, et faire connaître le montant des charges dont ils sont chargés.

Et faute par eux de faire ladite remise, ils seront condamnés en trois cents livres d'amende, et à la restitution des frais, à compter du jour indiqué pour la visite.

Ces condamnations seront poursuivies devant le tribunal du district dans le territoire duquel le principal manoir des biens se trouvera situé, et à la requête des régisseurs des domaines nationaux, qui seront responsables de leur négligence à cet égard.

XII. Seront observées en tout ce qui peut être relatif à l'exécution du présent décret, les dispositions de celui du 19 juillet 1791, concernant le remboursement des droits supprimés sans indemnité.

XIII. S'il s'élève des contestations sur la consistance des biens, elles seront portées par les parties réclamantes devant les tribunaux de district de la situation des biens, pour y être jugées en la forme déterminée par l'article V du présent décret.

XIV. Les détenteurs qui auront poursuivi la liquidation de leur remboursement, dans les trois mois prescrits par l'article III du présent décret, recevront les intérêts de leur capital, à compter du jour que les fruits auront cessé de leur appartenir.

Quant aux détenteurs qui ne poursuivront leur remboursement qu'après ce délai, et ceux dont les demandes en maintenue auraient été rejettées par les tribunaux, les intérêts ne pourront leur être alloués qu'à compter du jour de la remise de leurs titres au commissaire national, directeur général de la liquidation.

Les intérêts qui seront alloués à tous les détenteurs, sont fixés à quatre pour cent de leurs capitaux, sans retenue.

XV. Nul détenteur ne pourra recevoir son remboursement qu'en rapportant l'attestation donnée par le directeur de la régie des biens nationaux, de l'existence en bon état des biens dont il est détenteur, et de la remise des titres et papiers-terriers relatifs auxdits biens; 2.º les quittances des contributions et des redevances dues pour les deux dernières années de sa jouissance, l'attestation du préposé de la régie et les quittances des contributions, seront visées par les directoires du district de la situation des biens.

XVI. Pourront cependant les détenteurs qui se trouveront débiteurs, à raison des dégradations ou des réparations à leur charge, ou des redevances par eux dues, offrir de précompter sur leur remboursement, le montant de ce qu'ils auront à payer. Ils seront tenus, à cet effet, d'en rapporter le bordereau, visé et vérifié dans la forme prescrite par l'article précédent; ils seront tenus pareillement de précompter sur leurs remboursemens, et de restituer même, en cas d'insuffisance, le montant des sommes qu'ils auront pu recevoir à raison des sous-aliénations ou sous-accensemens consentis par eux ou leurs anteurs.

XVII. Si les détenteurs se pourvoient en maintenue, postérieurement à la prise de possession de la régie, ils ne pourront plus obtenir que la restitution des biens, tels qu'ils seront au jour de leur demande, et celle des fruits à compter de la même époque.

XVIII. Les biens dont la régie aura pris possession, seront

administrés et vendus avec les formalités prescrites pour l'administration et l'aliénation des biens nationaux.

Ne seront cependant vendus aucuns des biens dont la vente a été ajournée ou exceptée par les lois précédentes.

XIX. Si les biens déclarés aliénables étaient mis en vente avant que les détenteurs eussent consenti ou contesté en justice leur dépossession, la première offre des soumissionnaires, ou la direction du montant de l'estimation, et la première affiche leur seront notifiées dans la forme prescrite par l'article III ; et faute par eux de s'être pourvus avant l'adjudication définitive, et d'avoir donné connaissance de leurs diligences au directoire du district pardevant lequel la vente devra être faite, ils ne pourront plus obtenir que la restitution des sommes reçues par la nation avec les intérêts échus depuis le jour de la demande, et la faculté d'exercer leurs droits pour recevoir le paiement de ce qui sera dû par les adjudicataires ou leurs ayant - causes, dans les termes fixés par l'acte de leur adjudication.

XX· Pour accélérer la liquidation des sommes dues aux détenteurs des biens engagés, il sera établi un bureau particulier auprès du commissaire national, directeur général de la liquidation ; et les rapports sur ces objets seront soumis à l'assemblée nationale par son comité des domaines.

XXI. Les baux à ferme ou à loyer, soit particuliers, soit généraux des biens engagés faits par les détenteurs, qui auront une date certaine antérieure à la publication du présent décret, seront exécutés selon leur forme et teneur, sans que les acquéreurs puissent expulser les fermiers, même les sous-fermiers.

XXII. Dans le cas où les baux généraux comprendraient plusieurs corps de ferme, ou des biens épars dans plusieurs paroisses, que les fermiers généraux feront valoir par eux-mêmes ou par des colons partiaires, il sera fait par experts une ventilation, afin de déterminer la somme pour laquelle chaque corps de ferme, ou les biens épars situés dans chaque paroisse, sont entrés dans le prix total du bail.

L'estimation desdits biens sera faite d'après le produit déterminé par le procès-verbal d'évaluation ; chaque corps de ferme sera mis en vente séparément, et l'adjudicataire recevra du fermier le loyer de son objet, suivant qu'il aura été fixé par la ventilation.

XXIII. Dans le cas où les fermiers généraux auraient passé des sous-baux authentiques, avant la publication du présent décret, ou suivis de prise de possession avant le premier janvier dernier, les prix des sous baux seront la base de l'estimation desdits biens.

Les adjudicataires jouiront du prix entier des sous-baux généraux, à la charge par eux de laisser annuellement le dixième de leur produit au fermier principal, pour lui tenir lieu de toute indemnité.

XXIV Dans les cas où parmi les biens compris dans les baux généraux, il s'en trouverait une partie qui fût occupée ou exploitée par les preneurs ou leurs colons part'aires, il sera procédé par des experts que nommeront lesdits preneurs et les procureurs-syndics des districts de la situation des biens, à l'estimation des fermages qui devront être payés pour raison de cette partie.

XXV. Si dans les baux, soit généraux, soit particuliers, il se trouvait compris des biens ou des droits dont la vente a été ajournée ou exceptée, il sera pareillement procédé par experts à l'estimation des fermages qui devront être payés annuellement pour raison des objets susceptibles d'être vendus.

XXVI. A compter de la publication du présent décret, les détenteurs des biens engagés ne pourront passer aucun bail desdits biens; il sera procédé à l'adjudication desdits baux pardevant le directoire du district de la situation des biens, à la requête des détenteurs, auxquels la jouissance des fruits est conservée par le présent décret, et en présence du receveur des droits d'enregistrement, ou lui duement appelé.

XXVII. L'assemblée nationale se réserve de confirmer ou de révoquer les sous-aliénations et acensemens faits par les détenteurs engagistes des biens nationaux, en vertu de contrats d'inféodation, baux à cens ou à rentes, autres que ceux des terres situées dans les forêts ou à cent perches d'icelles.

Et cependant les sous-aliénataires continueront de jouir des objets aliénés, à la charge par eux de payer entre les mains du receveur du district les cens et rentes dont ils sont affectés.

XXVIII. Demeurent exceptés de la réserve ci-dessus, les sous aliénations et acensemens faits par les seigneurs engagistes,

Des terres vaines et vagues au-dessous de dix arpens, mesure de roi ;

Des terres défrichées en vertu des anciennes ordonnances, sur les lisières des forêts, sur les bords des grandes routes ;

Des fossés et des terrains situés dans les villes et bourgs dont la population est au-dessous de dix mille ames, sur lesquels les sous-aliénataires ont fait un établissement quelconque.

Lesdites améliorations et acensemens sont confirmés et de-

meurent

meurent irrévocables en vertu du présent décret, pourvu qu'ils soient antérieurs au premier décembre 1790 ; à la charge par lesdits sous-aliénataires, 1.º de remettre dans les trois mois, à compter du jour de la publication du présent décret, une copie sur papier timbré, collationnée par un notaire, au préposé de la régie dans l'arrondissement duquel les biens seront situés ; une seconde copie au directoire du district de la situation desdits biens, devant lequel ils affirmeront sous le sceau du serment, que lesdits actes contiennent exactement toutes les sommes qu'ils ont données pour lesdites acquisitions ; et dans le cas où les sommes qu'ils ont données, soit à titre de pot--de-vin ou deniers d'entrées, ne seraient point portées dans les actes, ils en feront leur déclaration, et y joindront les pièces justificatives qui seront en leur pouvoir.

2.º A la charge par les sous-aliénataires de faire, dans le même délai de trois mois, leur soumission de rembourser, dans six années et en six paiemens égaux, les droits incorporels, fixes ou casuels, dont lesdits biens par eux acquis peuvent être tenus envers la nation, dans le cas où la nation justifiera de ses droits par les titres primitifs de concession.

La liquidation desdits remboursemens sera faite dans les formes et suivant les taux prescrits pour le remboursement des droits incorporels et casuels, par la loi du 20 mars 1791.

XXIX. Le pouvoir exécutif fera présenter tous les trois mois à l'assemblée nationale, le compte des diligences qui auront été faites pour l'exécution du présent décret ; il lui fera remettre en même-temps l'état des réunions qui auront été effectuées.

XXX. Pour parvenir à effectuer l'entière rentrée dans les engagemens, et à découvrir plus sûrement tous ceux qui ont été faits jusqu'à ce jour, l'assemblée nationale charge le sieur Cheyré, dépositaire des archives du Louvre, de faire le relevé desdits engagemens, d'après les minutes des contrats, arrêts du conseil, titres et pièces qui sont en sa possession, et d'en former des états qu'il fera passer ; savoir, un double au comité des domaines, et un autre à la régie des domaines nationaux.

XXXI. Il sera payé par le trésor public audit sieur Cheyré, la somme de quatre mille cinq cents livres de gratification, pour raison des renseignemens et états par lui fournis pendant trois années au comité des domaines ; et en outre une augmentation de traitement de mille cinq cents livres par an, à compter de ce jour jusqu'à la perfection de l'opération dont il est chargé par l'article précédent, indépendamment des frais de commis aux écritures qu'il pourra employer à la formation desdits états, et dont les salaires seront taxés en proportion de leurs travaux. Lesdits commis seront au surplus choisis de concert entre le sieur Cheyté et la régie nationale.

DÉCRET de la Convention nationale, relatif aux domaines nationaux engagés ou aliénés.

Du 10 Frimaire an II.

La Convention nationale, après avoir entendu le rapport de sa commission des finances et de ses comités des domaines, de législation et des finances réunis, décrète :

PARAGRAPHE PREMIER.

Révocations de toutes les aliénations et engagemens des domaines et droits domaniaux.

ARTICLE PREMIER.

Toutes les aliénations et engagemens des domaines et droits domaniaux, à quelque titre que ce soit, qui ont eu lieu dans toute l'étendue actuelle du territoire de la République, avec clause de retour ou sujettes au rachat, à quelque époque qu'elles puissent remonter.

Celles d'une date postérieure au premier février 1566, quand même la clause de retour y serait omise, et celles résultant des échanges non consommés, ou qui ont été consommés par l'ancien gouvernement depuis le premier janvier 1789, autres que les aliénations qui ont été faites en vertu des décrets des assemblées nationales, sont et demeurent définitivement révoquées.

II. Les aliénations que les ci-devant rois ont faites depuis le premier février 1566, des biens qu'ils possédaient hors du territoire français ; les baux emphytéotiques, les baux à une ou plusieurs vies, et tous ceux au-dessus de neuf années, sont compris dans la révocation prononcée par l'article précédent.

III. Sont exceptées les inféodations et accensemens des terres vaines et vagues, landes, bruyères, palus et marais, autres que celles situées dans les forêts, ou à cent perches d'icelles, pourvu qu'elles aient été faites sans dol ni fraude, et dans les formes prescrites par les réglemens en usage au jour de leur date, et qu'elles aient été mises et soient actuellement en valeur ; les sous-aliénations et sous-accensemens faits par acte ayant date certaine avant le 14 juillet 1789, par les engagistes, des terres de même nature et sous les mêmes conditions ; et les inféodations, les sous-inféodations et accensemens dépendant des fossés et remparts des villes, justifiés par des titres valables ou arrêts du conseil, ou par une possession paisible et publique depuis quarante ans, pourvu qu'il y ait été fait des établissemens quelconques, ou qu'ils aient été mis en valeur.

IV. Le dol et la fraude pourront se prouver par la notoriété publique et par enquête, si les objets aliénés sous le nom de terres vaines et vagues, landes, bruyères, etc. étaient, lors de l'aliénation, des terrains en culture ou en valeur.

V. Sont aussi exceptées les sous-aliénations faites par acte ayant date certaine avant le 14 juillet 1789, par les engagistes, des terres défrichées en vertu des anciennes ordonnances, sur les lisières des forêts et sur les bords des grandes routes, et les sous-aliénations faites aussi par acte ayant date certaine avant le 14 juillet 1789 ; les aliénations, même celles faites avec deniers d'entrée, des terrains épars, de contenance au-dessous de dix arpens, pourvu que tous ces objets soient actuellement possédés par des citoyens dont la fortune est au-dessous d'un capital de dix mille livres, non compris le montant de l'objet aliéné, pourvu qu'il ne s'élève pas à dix mille livres.

VI. Il ne pourra être opposé aucune exception que celles mentionnées aux articles précédens.

VII. Les exceptions portées aux articles III et V, n'auront lieu qu'envers les détenteurs qui rapporteront leurs certificats de résidence, de non émigration et de civisme.

§. II.

De la prise de possession des domaines et droits domaniaux.

VIII. Aussitôt après la publication du présent décret, la régie nationale du droit d'enregistrement et des domaines prendra possession au nom de la nation, après en avoir référé aux directoires de district et en avoir obtenu l'autorisation, de tous les biens mentionnés en l'article Ier. sauf les exceptions portées par les articles III et V, quand bien même les détenteurs auraient satisfait aux formalités et fait les déclarations prescrites par les précédentes lois qui établissaient des exceptions.

IX. Lorsqu'il se trouvera des forêts et bois dans l'étendue

desdits domaines, la régie nationale de l'enregistrement et des domaines en préviendra les préposés à la conservation des bois et forêts, lesquels seront tenus d'en prendre de suite possession.

X. A Paris, le procureur-général-syndic, et dans les districts, le procureur-syndic de district, sont particulièrement chargés de la surveillance de la prise de possession mentionnée aux articles précédens, et de se faire rendre compte de l'exécution.

§. I I I.

Estimation lors de la prise de possession.

XI. La régie nationale du droit d'enregistrement et des domaines fera constater par des experts, en présence des détenteurs, ou eux dûment appelés, l'état actuel et l'estimation d'après le prix courant en 1789, des domaines, bois, forêts et droits domaniaux dont elle prendra possession, les dégradations commises et la valeur des réparations à faire, la valeur des coupes de bois anticipées, celle des futaies exploitées, les impenses et améliorations dûment autorisées, soit par le contrat, soit postérieurement, avec clause expresse de remboursement, pourvu qu'elles soient justifiées.

XII. Ces impenses et améliorations ne seront estimées que jusqu'à concurrence de la valeur dont les biens se trouveront augmentés d'après l'estimation qui en sera faite lors de la prise de possession.

XIII. Les experts estimeront et mentionneront dans leur procès-verbal, quel a été, pendant les dix dernières années, le produit, année commune, desdits domaines ou droits domaniaux, déduction faite des contributions et redevances acquittées.

XIV. Les experts estimeront et distingueront dans leur procès-verbal d'estimation ;

La valeur à l'époque de l'aliénation par le gouvernement, des objets sous-inféodés ou accensés par les engagistes, dont l'aliénation est maintenue par les exceptions portées aux articles III et V ;

La valeur, sur le pied du prix en 1789, des objets sous-inféodés ou accensés avec une autorisation légale, dont l'aliénation est révoquée par le présent décret ; ils y joindront l'estimation des dégradations, réparations, améliorations et impenses, ainsi qu'il est prescrit par les articles précédens.

XV. Les dispositions des décrets des 18 juin, 25 août 1792

et 17 juillet dernier, sur l'entière extinction du régime féodal, des priviléges et des impôts vexatoires, sont et demeurent applicables aux justices, droits féodaux, droits de traite et de gabelle, droits de messagerie, voitures d'eau, péages et tous autres droits qui ont été supprimés sans indemnité, aliénés par l'ancien gouvernement, par engagement, échange ou autrement.

En conséquence, dans le cas où les titres d'aliénation comprendront des droits supprimés sans indemnité, les experts les exprimeront dans leur procès-verbal, et détermin ront la valeur pour laquelle ils sont entrés dans lesdites aliénations.

XVI. L'estimation des biens et les procès-verbaux seront rédigés de manière à pouvoir servir de base aux procès-verbaux d'enchère et d'adjudication qui auront lieu lors de la vente.

XVII. La minute du procès-verbal sera déposée au secrétariat de district, et il en sera délivré, sans frais, une expédition à la régie nationale du droit d'enregistrement et des domaines, et une aux détenteurs intéressés.

XVIII. Pour mettre les experts à même de remplir les obligations qui leur sont prescrites par les articles précédens, les détenteurs seront tenus de leur remettre dans la décade, après la sommation qui leur sera faite de suite par la régie nationale d'enregistrement, les titres d'aliénation et concession, quittances de finance, baux, cueillerets et autres actes ou titres relatifs à la régie et perception des fruits desdits biens, sous peine d'être déchus de toute répétition envers la république.

XIX. Les frais d'estimation seront à la charge de la nation, et seront payés ainsi qu'il est prescrit par la loi du 6 juin dernier.

XX. Lorsqu'il y aura des sous-aliénataires, autorisés par l'ancien gouvernement, ou maintenus par le présent décret, les détenteurs seront appelés par la régie nationale du droit d'enregistrement et des domaines, pour assister à l'estimation qui sera faite de leur partie par les mêmes experts.

XXI. Les dispositions relatives à la prise de possession et estimation seront applicables aux domaines et droits domaniaux qui étaient détenus par les émigrés, par les déportés, ou par ceux dont la confiscation des biens aura été prononcée, afin de conserver les droits de leurs créanciers.

§. I V.

De la nomination des experts.

XXII. **Les** experts seront au nombre de trois, dont un sera nommé par le directoire de district, l'autre par le juge de paix du canton où les biens sont situés, à la diligence de la régie du droit d'enregistrement et des domaines ; le troisième sera nommé par le détenteur, dans la décade de la sommation qui lui sera faite sans délai par ladite régie ; et à son défaut, il sera procédé par les deux experts seulement.

XXIII. **Les** experts ne pourront être choisis que parmi les agriculteurs et artisans qui n'avaient pas d'autre état avant la révolution, et qui n'auront été ni agens, ni fermiers, des ci-devant privilégiés ; ils ne seront astreints à aucune forme de justice ni prestation de serment ; ils seront tenus de terminer leurs opérations dans le mois, et leur procès-verbal ne sera sujet ni au timbre, ni au droit d'enregistrement.

§. V.

Du jugement des contestations.

XXIV. **Les** contestations qui pourront s'élever entre la régie nationale du droit d'enregistrement et des domaines, et les détenteurs sur la question de domanialité ou toutes autres relatives à la prise de possession, estimation et ventilation, seront instruites et jugées en présence et sur l'avis du procureur-syndic du district de la situation des biens, ainsi qu'il est prescrit par les lois rendues sur les communaux, sans que lesdites contestations puissent retarder ou empêcher la prise de possession.

XXV. **Les** arbitres seront nommés, l'un par le directoire du district, à la diligence de la régie nationale du droit d'enregistrement et des domaines, l'autre par le détenteur, et à son défaut, dans la décade de la sommation qui lui en sera faite de suite par ladite régie, par le juge de paix du canton où les biens sont situés ; et en cas de partage, le tiers arbitre sera nommé, dans les trois jours, par ledit juge de paix.

XXVI. **Le** jugement des arbitres sera rendu dans le mois, et exécuté sans appel ; cependant la régie nationale du droit d'enregistrement et des domaines, et le procureur-syndic de district, seront tenus chacun de leur côté, de faire connaître au comité des domaines les décisions desdits arbitres, avec leur avis, pour y être examinées, et il y sera statué par le corps législatif, lorsque les intérêts de la république auront été lésés.

§. V I.

Des déclarations à fournir.

XXVII. Afin de procurer à la régie nationale du droit d'enregistrement et des domaines la connaissance des biens mentionnés au présent décret, les dépositaires publics ou particuliers, détenteurs des titres relatifs auxdits domaines ou droits domaniaux, seront tenus d'en faire leur déclaration au directoire du district dans l'arrondissement duquel ils seront domiciliés, dans un mois de la publication du présent décret, sous peine d'être déclarés suspects, et comme tels, mis en état d'arrestation.

XXVIII. La régie nationale du droit d'enregistrement et des domaines prendra copie desdites déclarations ; elle indiquera les détenteurs en retard et se transportera de suite accompagnée de deux commissaires surveillans, nommés par le directoire de district, dans toutes les archives, dépôts et greffes publics, même dans les dépôts particuliers, pour y rechercher et se faire remettre sur son récipissé tous les titres, indications de titres ou documens relatifs auxdits domaines et droits domaniaux ; elle les déposera avec un état au secrétariat du district de la situation des biens, et il lui en sera fourni décharge.

XXIX. La régie nationale du droit d'enregistrement et des domaines est particulièrement chargée de faire faire, sous la surveillance de commissaires nommés par le département de Paris, aux archives du Louvre, des Petits-Pères, du bureau de comptabilité, et à toutes les archives, dépôts et greffes de Paris, les recherches nécessaires pour réunir et déposer aux archives nationales tous les titres domaniaux, où elle prendra tous les renseignemens qui lui seront nécessaires pour dresser les instructions qu'elle sera tenue d'adresser, sans délai, aux procureurs-syndics des districts, et à ses préposés dans les départemens.

XXX. Au moyen des dispositions mentionnées aux articles précédens, tous les agens salariés par la République pour la garde particulière des titres mentionnés au présent décret soit à Paris, soit dans les départemens, sont supprimés ; lesdits agens sont tenus de remettre, avant leur retraite, à la régie nationale du droit d'enregistrement et des domaines, sous la surveillance des commissaires nommés par les corps administratifs, tous les dépôts, états et renseignemens qu'ils peuvent avoir, sous peine d'être déclarés suspects, et comme tels, mis en état d'arrestation.

XXXI. Les détenteurs des domaines et droits domaniaux, mentionnés en l'article I, même ceux exceptés par les articles III et V, sont tenus d'en faire la déclaration, conformément au modèle annexé au présent décret, au directoire du district dans l'arrondissement duquel les biens sont situés, d'ici au premier jour de ventose, sixième mois de la seconde année de la République, (19 février 1794, vieux style) ou dans la décade après la sommation qui leur sera faite par la régie de l'enregistrement et des domaines ; et faute par eux de la faire ils sont dès-à-présent déchus de toute répétition envers la République ; et ceux dont la propriété devra être conservée d'après les dispositions du présent décret, seront en outre dépossédés.

XXXII. Les détenteurs des droits incorporels féodaux aliénés, confusément avec des droits fonciers, qui ont déjà remis leurs titres à la liquidation générale, seront tenus de faire, dans le même délai, et sous les mêmes peines, une pareille déclaration.

Les experts procéderont de suite à la distinction et évaluation de ceux desdits droits supprimés sans indemnité, en la forme prescrite par les articles précédens.

XXXIII. Afin de procurer aux détenteurs la connaissance plus directe des dispositions mentionnées aux deux articles précédens, la régie nationale du droit d'enregistrement et des domaines les fera connaître par un avis imprimé, qui sera affiché dans toutes les communes et inséré dans les journaux du pays, lorsqu'il y en aura.

§. V I I.

De la régie et vente des Domaines aliénés.

XXXIV. Tous les biens et droits domaniaux dans la possession desquels la République rentrera en vertu du présent décret, seront administrés, régis et vendus comme les autres domaines nationaux.

§. VIII.

Des états à fournir par les Administrations, et des peines à leur infliger en cas de négligence.

XXXV. La régie nationale du droit d'enregistrement et des domaines dressera un état, par chaque district, des biens situés dans leur territoire, qu'elle enverra au directoire de district, et un état général qu'elle fournira dans six mois, avec le montant de l'estimation des biens dont elle aura pris possession, à l'administrateur des domaines nationaux à Paris.

XXXVI. Les préposés et administrateurs qui négligeront l'exécution qui leur est confiée par le présent décret, et qui ne l'auront pas terminée dans six mois, seront destitués de leur emploi, et responsables des dommages qui résulteront de leur négligence, soit à la République, soit aux détenteurs.

§. IX.

De la remise des titres et des déchéances.

XXXVII. Les détenteurs des domaines et droits domaniaux qui seront dépossédés en vertu du présent décret, seront tenus de remettre au directeur général de la liquidation, d'ici au premier jour de messidor, dixième mois de la seconde année républicaine, (19 juin 1794, vieux style,) les originaux de leurs contrats d'aliénation, sous-aliénation, quittances de finance, arrêts ou jugemens de confirmation, et autres titres constatant leurs créances et leurs droits ; ensemble l'expédition des procès-verbaux dressés par les experts lors de la prise de possession par la régie nationale du droit d'enregistrement et des domaines ; les décisions des arbitres en cas de contestation ; les quittances visées par les directoires de district, des contributions et charges imposées sur lesdits domaines, pour les deux dernières années de jouissance ; un certificat du directeur de la régie nationale du droit d'enregistrement et des domaines dans le département où les biens sont situés, de la remise de leur déclaration et des titres et papiers relatifs à l'administration desdits biens, lequel constatera le jour de la prise de possession, et un mémoire signé d'eux ou de leur fondé de procuration, contenant l'objet de leur demande et réclamation, leurs nom, prénom et adresse clairement désignée ; et faute par eux de faire cette remise dans le délai prescrit, ils sont dès-à-présent déchus de toute répétition envers la République.

XXXVIII. Ceux qui ont déjà produit des titres à la liquidation, qui leur sont nécessaires pour procéder aux estimations et ventilations, sont autorisés à les retirer ; et ils seront tenus de compléter leur production ainsi qu'il est prescrit par l'article précédent et sous les mêmes peines.

XXXIX. Les duplicata des quittances de finance tirées du registre du contrôle, pourront remplacer les originaux.

XL. Les contrats d'aliénation des domaines nationaux, quittances de finance et autres titres qui se trouveront chez des notaires, et autres pour servir de gage et d'hypothèque, seront remis par les dépositaires, aux agens publics, à la charge de notifier, lors de la remise, les oppositions et autres actes faits entre leurs mains.

XLI. Le directeur général de la liquidation et la régie nationale se concerteront pour dresser, après les délais fixés pour la déchéance, la liste des détenteurs, qui, faute d'avoir remis leurs titres, sont déchus de toutes répétitions envers la République ; ils l'adresseront sans délai, aux directoires de district qui poursuivront les détenteurs en retard pour la remise de leurs titres ; et en cas de refus, les directoires de district les feront arrêter comme suspects.

§. X.

Liquidation, payement ou inscription des créances provenant des Domaines engagés.

XLII. Le directeur général, en procédant à la liquidation, admettra les quittances des trésoriers de l'ancien gouvernement, justificatives des sommes versées au trésor public pour finance principale d'aliénation, rachat des charges exigées, droit de confirmation établi à titre d'augmentation ou supplément de finance, sous pour livre, supplément ou accessoire de finances compris dans les quittances du trésor public ;

Les impenses ou améliorations portées dans les procès-verbaux des experts, d'après les bases et dans les cas énoncés par les articles XI et XII ;

Le montant des frais jusrifiés, et que l'ancien gouvernement s'est expressement et textuellement chargé de rembourser par les titres de concession, engagemens et autres actes.

XLIII. Si, au lieu de fournir des espèces au trésor public, les détenteurs avaient remis des titres de créance ou d'indemnité réclamée, la liquidation n'en sera faite que jusqu'à concurrence de la légitimité desdites répétitions dûment justifiées.

XLIV. Aucune taxe, ni aucun droit de confirmation, consistant en rentes annuelles, portions ou années du revenu des biens aliénés, n'entreront en liquidation, en principal ni accessoires.

XLV. Les acquéreurs sur revente recevront le montant des remboursemens qu'ils justifieront avoir faits aux précédens aliénataires, en conformité des liquidations régulières qui auront eu lieu.

XLVI. Le directeur général de la liquidation rejettera et déduira sur le montant des liquidations, la somme à laquelle les procès-verbaux des experts auront évalué le montant des droits mentionnés en l'article XV, celles des dégradations et réparations à la charge des détenteurs, et celles des sous-inféodations et accensemens autorisés par l'ancien gouvernement ou maintenus par le présent décret.

XLVII. Si les aliénations ont été faites par baux à vie, ou au-dessus de neuf ans, les finances ou deniers d'entrée ne seront remboursés que dans la proportion du temps qui sera retranché de la jouissance qui demeure fixée à trente années pour un bail à vie, et à quarante années pour celui sur plusieurs têtes.

XLVIII. S'il résulte du procès-verbal des experts, que le revenu des domaines aliénés pendant les dix dernières années réunies, équivaut au montant de la liquidation, il n'y aura lieu à aucun remboursement, à moins que les détenteurs ne prouvent par titres suffisans, que ce revenu provient des réparations et améliorations qu'ils ont faites pendant cette époque.

XLIX. Les intérêts du montant des liquidations seront alloués à raison de quatre pour cent sans retenue, à compter du jour de la dépossession.

L. Les rapports sur les liquidations seront faits par le directeur général au comité de liquidation, qui les soumettra au corps législatif.

LI. Le montant de la liquidation et des intérêts sera payé ou inscrit sur le grand livre, ainsi qu'il est prescrit pour la dette exigible par la loi du 24 août dernier et lois subséquentes, sur la consolidation de la dette publique.

§. X I.

Dérogation des anciennes lois.

LII. Les comités des domaines et des finances sont chargés de présenter incessamment un projet de loi relatif aux échanges consommés, et aux dispositions de la loi du premier décembre 1790, relatives auxdits échanges qui seront susceptibles d'être révoqués.

LIII. Toutes les lois relatives aux domaines aliénés ou engagés, et à la liquidation de leurs finances, sont révoquées ; les contestations indécises seront instruites et jugées ainsi qu'il est prescrit par le présent décret.

CONSTITUTION DE L'AN III.

ART. 374. La nation française proclame pareillement, comme garantie de la foi publique, qu'après une adjudication légalement consommée de biens nationaux, quelle qu'en soit l'origine, l'acquéreur légitime ne peut en être dépossédé, sauf aux tiers réclamans à être, s'il y a lieu, indemnisés par le trésor national.

EXTRAIT de la loi contenant instruction pour l'exécution de celle du 28 ventose dernier, qui crée les mandats territoriaux.

Du 6 floréal an IV.

§. I I I.

Les principales obligations de l'administration de département commencent au moment où le porteur de mandats se présente pour faire sa soumission, il sera tenu par chaque administration un registre pour l'enregistrement des soumissions, et ce registre sera coté, paraphé et formé suivant le modèle annexé au présent.

Les soumissions seront reçues et enregistrées dans l'ordre que se présenteront les porteurs de mandats avec leur quittance de consignation.

Il n'en sera reçu que trois jours après la publication de la présente instruction au chef-lieu de département. Les soumissions faites auparavant seront regardées comme non-avenues.

Lorsque le même jour plusieurs soumissionnaires se seront présentés, et auront fait des consignations pour le même objet, le sort décidera de la préférence entre eux.

Lorsqu'un soumissionnaire se présentera pour plusieurs objets, il sera tenu de diviser et spécialiser sa consignation sur chaque corps de ferme, ou sous-ferme ou métairie.

Aussitôt que la soumission sera enregistrée, l'administration s'occupera des moyens de fixer le prix de l'objet soumissionné.

Le prix du bail se compose de tout ce que le fermier s'est obligé de fournir, de faire ou d'acquitter, de quelque nature que soit l'obligation, dès qu'elle était onéreuse au fermier. S'il doit des grains, on doit les évaluer d'après le prix qu'ils valaient en 1790 ; s'il est obligé à d'autres redevances, on doit de même en fixer le prix de 1790, ou d'après les mercuriales, pour ce qui s'y trouve apprécié, ou d'après une estimation d'experts pour les autres objets, et composer du tout le prix du bail sur lequel le capital sera fixé.

On ne doit pas omettre aussi d'ajouter au prix du bail les pots-de-vin payés par les fermiers, et de vérifier avec soin s'il existe des contre-lettres que le fermier n'aurait pas déclarées, parce qu'alors elles doivent, comme les pots-de-vin, être ajoutées au prix du bail.

Enfin il faut aussi ajouter au prix du bail les impositions, charrois, corvées, et toutes autres redevances, ainsi que les dîmes, cens et droits féodaux supprimés, etc., dus en 1790, et qui étaient à la charge du fermier.

Les baux existans en 1790 font la base des évaluations pour tous les biens qui s'y trouvent compris, de quelque classe qu'ils soient ; s'il n'y a point de baux, les biens ruraux sont évalués d'après la contribution foncière ; et les moulins, maisons et usines sont estimés.

Dans le cas où il n'est pas besoin du ministère d'experts, l'administration doit s'occuper, dans le plus court délai, de fixer le prix de l'objet soumissionné ; et dans tout autre cas, elle doit accélérer le travail des experts.

Si un même bail comprend des biens des deux classes, il faudra faire procéder par experts à une ventilation ou estimation des objets affermés confusément, pour, d'après la fixation du prix de chaque classe, former le capital de chaque portion suivant la classe à laquelle elle appartient.

A défaut de bail authentique en 1790, la contribution doit servir de base d'évaluation pour les biens ruraux ; mais il faut que le rôle ou la matrice du rôle ne confondent pas des biens non compris dans une même soumission , sans quoi on serait réduit à l'estimation par experts.

L'évaluation prescrite d'après la contribution de 1793 , doit avoir pour base la totalité de cette contribution , tant.en principal que sous additionnels.

Si le préposé de l'enregistrement reconnaît que la contribution foncière est inférieure à la proportion légale , il pourra réclamer l'estimatiou du domaine soumissionné , et l'administration pourra l'ordonner.

Dans tous les cas d'évaluation sur la contribution foncière , ou d'estimation par experts faute de baux authentiques , s'il se trouve des baux sous seing-privé , ou emphythéotiques , quoiqu'ils ne doivent pas servir de base aux évaluations , les évaluations sur la contribution foncière , ou les estimations d'experts , ne pourront être inférieures à celles qui auraient eu pour base les baux sous seing-privé ou les baux emphythéotiques ; elles ne pourront aussi , dans aucun cas , être inférieures aux estimations qui ont été faites précédemment.

La contribution foncière ne peut servir de base pour l'évaluation des moulins et usines ; ainsi , lors même que la contribution foncière sert de base à l'évaluation d'une ferme, les bâtimens doivent en être estimés et le prix ajouté au montant de l'évaluation.

Tous les bois , tant de futaie que baliveaux sur taillis , ne pouvant être considérés comme faisant partie des biens affermés , ni être évalués sur la contribution foncière , parce qu'ils ne produisent pas un revenu annuel , seront estimés en fonds et superficie.

Les taillis le seront de même toutes les fois qu'ils ne seront pas compris dans un bail qui en donne la coupe au fermier ; en ce dernier cas , il sera seulement procédé à l'estimation des baliveaux et arbres de réserve , dont le prix sera ajouté au prix du bail.

Dans tous les cas d'estimation par experts , elle ne pourra être inférieure au capital que fournirait l'évaluation d'après la contribution foncière.

Les cheptels , semences et autres avances faites aux colons par les propriétaires , seront toujours estimés , et leur valeur payée en sus des autres objets compris dans la soumission.

Les bois au-dessus de 300 arpens doivent être à la distance de plus de mille toises des forêts , pour ne pas être censés en faire partie.

Les biens qui dépendront de quelques maisons ou bâtimens y

attenant ou servant à leur exploitation, ne pourront être vendus qu'avec lesdites maisons ou bàtimens, toutes les fois que la vente séparée pourrait nuire à l'intérêt de la république.

L'administration du département appellera le directeur des domaines pour assister et donner ses renseignemens lors du réglement d'évaluation du prix des biens soumissionnés ; il sera tenu d'y assister, ou d'y faire assister un autre préposé qui signera le procès-verbal que rédigera l'administration du département. Le procès-verbal sera fait d'après le modèle annexé au présent.

S'il faut procéder à une estimation d'experts, l'un est nommé par le soumissionnaire, l'autre par l'administration ; et en cas de partage entre eux, l'administration nomme un tiers. On ne prescrit dans le choix aucune condition ; il suffit qu'ils méritent la confiance. Ils ne sont assujétis à aucun serment ; mais avant de commencer leurs opérations, ils se rendront chez le commissaire du directoire près la municipalité de la situation des biens, et lui exhiberont leur commission.

Ledit commissaire et les experts se transporteront ensuite sur le bien, constateront sa situation, sa consistance, fixeront le revenu de ce bien en 1790, et le capital sera formé en multipliant ce revenu par 22 ou par 18, suivant la nature des biens. Le procès-verbal sera rédigé d'après le modèle annexé au présent.

Les vacations des experts seront réglées par l'administration du département, et payées sur les deniers consignés par le soumissionnaire. Il sera alloué au commissaire la moitié de la vacation d'un expert, laquelle lui sera payée de même.

Les experts recevront leurs commissions du département, et seront tenus de commencer leurs opérations dans la décade, de les continuer sans interruption, et de les terminer au plus tard dans le mois, sauf, en cas de maladie, à demander leur remplacement ; faute à eux de se conformer à cette disposition, il sera nommé d'autres experts ; et les premiers ne pourront plus être nommés pour remplir ces fonctions, et ne pourront demander aucun salaire pour les opérations qu'ils auraient commencées.

Toutes les fois que l'administration décidera que l'objet soumissionné n'est pas susceptible d'être aliéné, la somme consignée par le soumissionnaire lui sera restituée de suite sans frais. Cette restitution sera faite de même dans les cas où l'administration du département rejettera une soumission.

Les administrations de département seront tenues de prononcer sur le rejet ou l'admission des soumissions, dans la décade au plus tard de leur date. Elles ne pourront admettre une nouvelle soumission sur les objets sur lesquels elles en auront rejeté une prémière ; mais si leur décision est réformée par l'autorité supérieure ; la première soumission aura son effet; et à défaut par le soumissionnaire de la remplir , il en pourra être reçu une seconde.

S'il était possible que des administrations négligeassent de remplir avec activité et avec zèle les fonctions qui leur sont déléguées , elles seront responsables du retard et des indemnités qui pourraient être dues aux soumissionnaires.

§. I V.

L'évaluation réglée par l'administration de département, ou l'estimation terminée par les experts, le procès-verbal de règlement servira de base à l'acte de vente qui sera passé dans la forme ordinaire entre l'administration du département et le soumissionnaire , d'après le modèle annexé au présent.

L'acquéreur paiera en sus du prix fixé par le procès-verbal d'évaluation ou d'estimation, tous les frais faits, lesquels seront composés , 1.º des vacations d'experts et commissaire, papier et enregistrement des procès-verbaux, et enregistrement des actes de vente ; 2.º d'un demi pour cent du montant du prix principal, dont deux tiers seront employés en indemnité, au profit, tant des administrateurs que du commissaire du directoire exécutif et du directeur ou préposé de la régie présens, et l'autre tiers en salaire et gratifications aux secrétaires et commis de l'administration.

Les préposés à la recette des domaines nationaux sont chargés de suivre le recouvrement du prix des ventes, qui ne pourra être fait qu'en mandats ou promesses de mandats.

Les adjudicataires qui ne paieront pas le prix de leurs acquisitions à chacune des époques fixées par leur contrat, en seront déchus de plein droit sans aucune formalité ; le contrat est déclaré non-avenu , et la restitution des sommes par eux payées ne leur sera faite qu'après avoir vérifié s'ils n'ont point détérioré les biens, et à la déduction de tous les frais et d'une amende d'un vingtième du prix principal de l'adjudication, outre les dommages et intérêts qui pourraient résulter des dégradations.

Les receveurs des domaines nationaux ne pourront annuller les mandats ou promesses de mandats avant le contrat de vente ; ils seront tenus d'annuller à cette époque tout ce qui formait le prix de l'adjudication, et les feront passer à la trésorerie nationale, qui les fera brûler dans la forme ordinaire.

Tous les primidis de chaque décade , le commissaire du pouvoir exécutif, auprès de chaque administration de département, enverra au ministre des finances l'état des soumissions et des ventes, et des sommes payées à compte ou pour solde.

Loi

LOI relative aux Domaines engagés par l'ancien gouvernement.

Du 14 ventose an VII.

Le Conseil des Anciens, adoptant les motifs de la déclaration d'urgence qui précède la résolution ci-après, approuve l'acte d'urgence.

Suit la teneur de la déclaration d'urgence et de la résolution du 22 frimaire.

Le Conseil des Cinq-cents, considérant qu'il importe à l'intérêt public, comme à l'intérêt particulier, qu'il soit promptement et définitivement statué sur les domaines concédés par l'ancien gouvernement,

Déclare qu'il y a urgence.

Le Conseil, après avoir déclaré l'urgence, prend la résolution suivante :

ARTICLE PREMIER.

Les aliénations du domaine de l'Etat consommées dans l'ancien territoire de la France avant la publication de l'édit de février 1566, sans clause de retour ni réserve de rachat, demeurent confirmées.

II. En ce qui concerne les pays réunis postérieurement à la publication de l'édit de février 1566, les aliénations de domaines faites avant les époques respectives des réunions, seront réglées suivant les lois lors en usage dans les pays réunis, ou suivant les traités de paix ou de réunion.

III. Toutes les aliénations du domaine de l'Etat contenant clause de retour ou réserve de rachat, faites à quelque titre que ce soit, à quelques époques qu'elles puissent remonter, et en quelque lieu de la République que les biens soient situés, sont et demeurent définitivement révoquées.

IV. Toutes autres aliénations, même celles qui ne contiennent aucune clause de retour ou de rachat, faites et consommées dans l'ancien territoire de la France, postérieurement aux époques respectives de leur réunion, sans autorisation des assemblées nationales, sont et demeurent révoquées, ainsi que les sous

Des Domaines engagés.   O

aliénations qui peuvent les avoir suivies, sauf les exceptions ci-après.

V. Sont exceptés des dispositions de l'article IV :

1°. Les échanges consommés légalement et sans fraude avant le premier janvier 1789, pour les pays qui, à cette époque, faisaient partie de la France ; et avant les époques respectives des réunions, quant aux pays réunis postérieurement audit jour premier janvier 1789;

2°. Les aliénations qui ont été spécialement confirmées par des décrets particuliers des assemblées nationales, non abrogés ou rapportés postérieurement ;

3°. Les inféodations et accensemens des terres vaines et vagues, landes, bruyères, palus et marais, non situés dans les forêts ou à sept cents quinze mètres d'icelles, (100 perches environ) pourvu que les inféodations et accensemens aient été faits sans fraude, et dans les formes prescrites par les réglemens en usage au jour de leur date, et que les fonds aient été mis et soient actuellement en valeur, suivant que le comportent la nature du sol et la culture en usage dans la contrée ;

4°. Les aliénations et sous-aliénations ayant date certaine avant le 14 juillet 1789, faites avec ou sans deniers d'entrée, de terrains épars quelconques, au-dessous de la contenance de cinq hectares, pourvu que lesdites parcelles éparses de terrains ne comprissent, lors des concessions primitives, ni des maisons appelées châteaux, moulins, fabriques ou autres usines, à moins qu'il n'y eût condition de les démolir, et que cette condition n'ait été remplie, ni dans les villes, des habitations actuellement comprises aux rôles de la contribution foncière au-dessus de 40 francs de principal ;

5°. Les inféodations, sous-inféodations et accensemens de terrains dépendans des fossés, murs et remparts de villes, justifiés par des titres valables, ou par arrêt du conseil, ou par une possession paisible et publique de quarante ans, pourvu qu'il y ait été fait des établissemens quelconques, ou qu'ils aient été mis en valeur.

VI. En conformité de l'article XIX de la loi du premier décembre 1790, les échanges ne seront censés légalement consommés dans les pays formant la France au premier janvier 1789, qu'autant que toutes les formalités rappelées par ledit article auront été accomplies en entier ; et en ce qui concerne les pays réunis, qu'autant qu'on aura observé les lois qui y étaient en vigueur.

VII. Les échanges consommés poueront être révoqués ou

annullés, malgré l'observation exacte des formes prescrites, s'il s'y trouve fraude, fiction ou simulation prouvée par la lésion du quart, eu égard au temps de l'aliénation.

VIII. Dans le cas où un contrat d'aliénation, inféodation, bail ou sous-bail à cens ou à rente, porterait à-la-fois sur des terrains désignés comme vains et vagues, landes, bruyères, palus, marais et terrains en friche, et sur des terres désignées comme étant cultivées ou autrement en valeur, sans énonciation de contenance, ou sans distinguer la contenance des uns et des autres, la révocation aura lieu pour le tout.

IX. Si les objets aliénés sous le nom de terres vaines et vagues, landes, bruyères, palus et marais, étaient, lors de l'aliénation, des terrains en culture ou en valeur, la frauduleuse qualification pourra se prouver par la notoriété publique et par enquêtes, ou par actes écrits mis en opposition avec l'acte qui contient l'aliénation.

X. Cette frauduleuse qualification sera légalement présumée, et donnera lieu de plein droit à la révocation, si les aliénations dont il est parlé en l'article précédent, ont été faites à des *ci-devant gentilshommes titrés, ou autres personnes ayant charge à la cour ;* sans néanmoins que ladite révocation puisse atteindre les sous-inféodataires, à moins qu'ils ne réunissent les mêmes qualités.

XI. L'exception portée au § V de l'article V ne s'applique pas aux inféodations, dons ou concessions faits par un seul acte, et en entier, de tous les murs, remparts et fortifications d'une ville, ou de tous les terrains en dépendans ; en ce cas, le sort desdites concessions sera réglé par les articles I, II, III et IV de la présente, sans préjudicier toutefois à l'exécution dudit § V, relativement aux parcelles qui seraient possédées par des sous-concessionnaires.

XII. Les mêmes articles I, II, III et IV, s'appliquent aux biens que l'engagiste aurait pu réunir par puissance féodale, ou à titre de retrait féodal ou censuel résultant de son contrat d'aliénation.

XIII. Les engagistes qui ne sont maintenus par aucun des articles précédens, et même les échangistes dont les échanges sont déjà révoqués ou susceptibles de révocation, sont tenus, à peine d'être déchus de la faculté portée en l'article suivant, de faire, dans le mois de la publication de la présente, à l'administration centrale du département où sont situés les biens, ou la majeure partie desdits biens engagés ou échangés, non encore vendus par la Nation , ni soumissionnés, en exécution de la loi du 28 ventose an IV , et autres y relatives , la déclaration générale des fonds faisant l'objet de leur engagement, échange ou autre titre de concession.

XIV. Ceux qui auront fait la déclaration ci-dessus pourront, dans le mois suivant, faire, devant la même administration, la soumission irrévocable de payer en numéraire métallique le quart de la valeur desdits biens , estimés comme il sera dit ci-après, avec renonciation à toute imputation, compensation ou distraction de finance ou amélioration.

En effectuant cette soumission , ils seront maintenus dans leur jouissance ou réintégrés en icelle s'ils ont été dépossédés, et que lesdits biens se trouvent encore sous la main de la nation ; déclarés en outre et reconnus propriétaires incommutables , et en tout assimilés aux acquéreurs de biens nationaux aliénés en vertu des décrets des assemblées nationales.

XV. En faisant la soumission énoncée en l'article précédent, ils seront tenus de nommer leurs experts, et de déposer l'état signé d'eux ou de leur procureur constitué, touchant la consistance des biens qu'ils entendent conserver , leur situation, leur nature au temps de la concession, leur état actuel et leur produit, sans pouvoir être reçus à faire leur soumission autrement que sur la totalité du domaine ou des domaines compris dans le même titre , ou sur la totalité de ce qui en reste en leur possession, le tout à peine de nullité de ladite soumission.

Le présent article ainsi que le XIII et XIV°. ne s'appliquent point aux concessions de forêts au-dessus de 150 hectares , ni de terrains enclavés dans les forêts nationales ou à 715 mètres d'icelles , sur lesquelles il sera définitivement statué par une résolution particulière.

XVI. La valeur des biens dont il s'agit aux trois articles précédens sera réglée aux frais de l'engagiste ou échangiste soumissionnaire par trois experts nommés ; savoir : l'un par ledit soumissaire, en la forme portée par l'article XV ; le second par le directeur des domaines , et le troisième, par l'administration centrale dans le ressort de laquelle les biens , ou la majeure partie d'iceux sont situés : ces deux derniers experts seront nommés dans la décade de la soumission , à la diligence de la régie des domaines.

XVII. Ces experts ne pourront, à peine de nullité , être pris parmi les citoyens détenteurs de biens nationaux susceptibles de retrait , ou dépossédés en vertu de la loi du 10 frimaire an II , ou qui ont été ci-devant nobles, ou qui sont agens ou fermiers desdits détenteurs, ci-devant détenteurs ou ci-devant nobles.

Celui qui étant, à sa connaissance, dans l'exclusion, ne le déclarera pas, et procédera à l'estimation, sera condamné à 300 francs d'amende par voie de police correctionnelle, à la diligence du receveur des domaines, sans préjudice des dommages-intérêts des parties.

XVIII. Tout détenteur ou ci-devant détenteur qui sera convaincu d'avoir donné ou tout expert d'avoir reçu en argent ou présent quelque chose au-delà des vacations réglées par l'administration de département, sera, par la même voie et à la même diligence, condamné en 1,000 francs d'amende envers la République, et en un emprisonnement qui ne pourra excéder une année, ni être moindre de trois mois.

XIX. Il sera procédé à l'estimation de la manière qui suit : savoir,

Pour les maisons, usines, cours et jardins en dépendans.

Par une première opération, les experts les estimeront d'après leurs connaissances locales, et relativement au prix commun actuel des biens dans le lieu ou les environs.

Par une seconde, relativement au prix commun en 1790, en formant un capital de seize fois le revenu dont lesdits objets étaient susceptibles, sans considérer les baux à ferme ou à loyer, s'ils ne s'élevaient pas au véritable prix.

Par une troisième, s'il y avait des baux en 1790, lesdites maisons et usines, les cours et jardins en dépendans seront évalués sur le pied de leur valeur en 1790, calculée à raison de seize fois leur revenu net.

Et pour les terres labourables, prés, bois, vignes et tous autres terrains.

Par une première opération, les experts estimeront la valeur d'après leurs connaissances locales et relativement au prix commun actuel des biens de même nature dans le lieu ou dans les environs.

Par une seconde, ils estimeront la valeur d'après le montant de la contribution foncière de 1793, en prenant pour revenu net d'une année quatre fois le montant de cette contribution, et en multipliant la somme par vingt.

Et par une troisième, s'il y avait des baux existans en 1790, la valeur sera fixée sur le pied de la même année , et calculée à raison de vingt fois le revenu d'après lesdits baux.

A l'égard de ce dernier cas , et de ceux non prévus ci-dessus , les experts se conformeront au § III de la loi en forme d'instruction du 6 floréal an IV , relative à l'exécution de celle du 28 ventose précédent.

Les experts motiveront leur rapport sur chacune des bases ; et les administrations , dans leurs arrêtés , en énonceront les résultats , se fixeront à celui qui sera le plus avantageux pour la République , et en feront mention expresse ; le tout à peine de nullité.

XX. Le quart de la valeur du terrain estimé d'après les règles portées en l'article précédent, sera acquitté dans le mois de la date de l'arrêté de l'administration qui en aura fixé le montant d'après le rapport des experts ; savoir , un tiers en numéraire , et les deux autres tiers en obligations ou cédules , acquitables aussi en numéraire ; savoir, un tiers dans deux mois , à courir de l'expiration du premier terme ; et l'autre tiers , aussi dans deux mois , à courir de l'expiration du second terme ; le tout avec intéret sur le pied de cinq pour cent par an , à compter du jour de la prise de possession à l'égard de ceux qui avaient cessé d'être détenteurs , et à compter du jour de l'arrêté ci-dessus à l'égard des autres.

XXI. Aussitôt après la soumission autorisée par les articles XIV et XV , le soumissionnaire pourra vendre des biens compris en la soumission pour payer le quart de l'estimation à régler d'après l'article XIX , mais à la charge d'imposer à l'acquéreur la condition expresse de verser en numéraire , dans la caisse du receveur des domaines nationaux, dans les délais fixés par l'article précédent, le prix de son acquisition , jusqu'à concurrence de ce qui sera dû à la République pour le montant de ladite estimation. Le versement sera fait nonobstant toutes oppositions qui pourraient avoir lieu entre les mains des acquéreurs ; au moyen de quoi, ceux-ci demeureront subrogés aux droits de propriété de la nation, et affranchis des hypothèques du chef de leur vendeur , comme les autres acquéreurs de domaines nationaux.

Néanmoins, si le prix de la vente faite par l'engagiste était inférieur au montant de l'estimation ordonnée par l'article XIX ; la République conservera pour l'excédant son privilége et son hypothèque , même sur la chose vendue , jusqu'au paiement intégral du quart dû par l'engagiste, sans être tenue de poursuivre l'inscription de sa créance aux registres publics de la conservation des hypothèques.

XXII. A l'égard de tous engagistes ou échangistes non maintenus, et qui n'auraient fait la déclaration prescrite par l'art. XIII de la présente, ou qui, après l'avoir faite, ne se seraient pas présentés pour faire la soumission autorisée par les articles XIV et XV, la régie des domaines nationaux, immédiatement après l'expiration du mois qui suivra la publication de la présente, en ce qui concerne les premiers, ou du mois qui suivra la déclaration non suivie de soumission, en ce qui concerne les seconds, leur fera signifier copie des titres primitifs, récognitifs ou énonciatifs, tendant à établir les droits de la nation, avec déclaration que, dans le délai d'un mois à dater de la signification, elle poursuivra la vente des biens y énoncés ; lesquels ne pourront être des biens qui auraient été soumissionnés en exécution de la loi du 28 ventose an IV, et autres y relatives.

Elle les interpellera, par le même acte, de nommer dans la décade un expert pour procéder aux opérations préparatoires ci-après détaillées, conjointement avec l'expert qui sera nommé par la régie, et celui qui le sera par l'administration centrale du département de la situation des biens.

XXIII. Ces experts procéderont, dans les deux décades suivantes, à la vue des titres, mémoires et renseignemens qui leur seront respectivement remis, 1°. à l'estimation du capital, d'après les règles posées en l'article XIX ; 2°. à l'estimation du revenu annuel ; 3°. à celles des améliorations, s'il y en a, en observant qu'elles ne doivent être estimées que jusqu'à concurrence de la valeur dont les biens se trouvent augmentés ; 4°. à l'évaluation des dégradations, s'il y a lieu ; 5°. enfin à l'estimation des fruits perçus et recueillis par le ci-devant détenteur, depuis et compris l'année 1791, (*v. st.*) à moins qu'il ne justifie avoir fait la déclaration prescrite par la loi du premier décembre 1790.

Les experts distingueront chacune de ces opérations dans leur rapport : si l'engagiste avait négligé d'en nommer un, ou si son expert nommé ne se réunissait point aux autres, au jour indiqué par sommation, il sera passé outre par ceux-ci.

XXIV. Les articles XVII et XVIII de la présente s'appliquent aux experts qui seront nommés en exécution de l'article précédent.

XXV. Après la remise du rapport des experts, et toutefois après l'expiration du délai d'un mois, à dater de la significacation prescrite par l'atticle XXII, les biens seront mis en vente par affiches et enchères faites conformément aux lois des 16 brumaire an V et 26 vendémiaire dernier.

En conséquence, la première mise à prix des biens ruraux sera de huit fois le revenu annuel ; celle des maisons, bâtimens et usines, servant uniquement à l'habitation, et non dépendans de fonds de terre, sera de six fois le revenu annuel.

XXVI. Si, après l'adjudication faite dans les délais et formes ci-dessus, le ci-devant détenteur élevait quelques prétentions relatives à la propriété, elles se résoudront de plein droit en indemnités sur le trésor public, s'il y échet.

XXVII. Si, dans le mois qui suivra la signification des titres, le détenteur les soutient inapplicables ou insuffisans, ou s'il prétend être placé dans les exceptions de la présente, ou si de toute autre manière il s'élève des débats sur la propriété, il y sera prononcé par les tribunaux, après néanmoins qu'on se sera adressé, par voie de mémoires, aux corps administratifs, conformément à la loi du 5 novembre 1790 ; mais en ce cas, soit le tribunal de première instance, soit de celui d'appel, devront, chacun en ce qui le concerne, procéder au jugement, sur simples mémoires respectivement remis, dans le mois, à dater de l'expiration des délais ordinaires de la citation.

XXVIII. Il n'est rien changé par la présente aux attributions de l'autorité administrative, en ce qui concerne purement et simplement les liquidations de droits et créances prétendus par des particuliers envers la République.

XXIX. Il sera procédé à la liquidation des indemnités que l'engagiste pourrait réclamer, à la vue de quittances de finances, rapports d'experts, et de tous autres titres et documens, de la même manière qu'il est observé pour les autres créanciers de la République : la remise des titres sera faite dans trois mois pour tout délai.

XXX. Le prix de l'adjudication qui sera faite en exécution de l'art. XXV, sera en totalité payable en numéraire métalliques : les paiemens seront divisés comme il suit :

1°. Le quart de la valeur du terrain estimé, d'après les art. XIX et XXIII de la présente, sera acquitté entre les mains du receveur des domaines nationaux, dans les dix jours qui suivront l'adjudication ; savoir, le premier tiers en numéraire, et les deux autres tiers en obligations ou cédules payables aussi en numéraire ; savoir, le second tiers dans le délai de deux mois, et le dernier tiers dans quatre mois ; le tout à dater de la souscription des cédules, avec intérêts sur le pied de cinq pour cent par an jusqu'au paiement effectif ;

2°. Le surplus du prix de l'adjudication restera entre les mains de l'acquéreur pour fournir jusqu'à dûe concurrence, soit aux indemnités de l'engagiste, soit aux plus amples reprises de la République : il ne sera exigible qu'après la liquidation de ces indemnités, et sera payable en trois portions égales, de trois en trois mois, à partir de la notification qui sera faite à l'acquéreur de l'arrêté définitif de la liquidation : l'on ajoutera au dernier paiement tous les intérêts qui auront couru jusqu'alors sur le même pied de cinq pour cent par an.

XXXI. Si, par le résultat de la liquidation énoncée en l'art. XXIX, le ci-devant concessionnaire n'était reconnu créancier que d'une partie de la somme restée aux mains de l'acquéreur, il sera d'abord remboursé sur le premier terme des deniers mis en réserve par l'article précédent, subsidiairement sur le second et troisième ; et la République ne touchera l'excédant qu'après qu'il aura été remboursé.

XXXII. S'il arrivait qu'il fût dû au ci-devant concessionnaire au-delà de la somme restée en dépôt, il la retirera en entier et sera remboursé du surplus de sa liquidation comme les autres créanciers de l'Etat ; savoir, deux tiers en bons de deux tiers, et l'autre tiers en bons du tiers consolidé.

XXXIII. Il n'est rien statué ni préjugé par la présente :

1°. Sur les concessions faites à vie seulement, ou pour un temps déterminé, soit par baux emphytéotiques, soit par baux à cens ou à rentes ;

2°. Sur les concession de terrain, à quelque titre que soit, faites dans les colonies françaises des deux Indes ;

3°. Sur la nature des îles, îlots et attérissemens formés dans le sein des fleuves et rivières navigables, non plus que des alluvions y relatives, ni des lais et relais de la mer.

Il sera statué sur ces divers objets par des résolutions particulières.

XXXIV. Il n'est, par la présente, porté aucune atteinte à l'exécution des lois des 28 août 1792, 10 juin 1793, et autres relatives aux biens appartenans aux communes ou sections de communes, et aux revendications de biens usurpés par la puissance féodale.

Dans le cas où il y aurait procès pendant entre une commune et un engagiste, relativement au fond du droit, sur les biens concédés par l'ancien gouvernement, les dispositions de la présente et les délais établis par elle, ne courront contre l'engagiste qu'à dater du jugement définitif qui pourrait confirmer sa possession vis-à-vis de la commune ; sauf l'intervention de la régie des domaines audit procès, s'il y a lieu.

XXXV. Il n'est point dérogé, par la présente, aux droits et actions qui peuvent compéter à la République contre les concessionnaires ou sous-concessionnaires maintenus purement et simplement en possession par l'article V, à raison des redevances et prestations assignées sur les fonds, et qui n'auraient pas été frappées d'abolition par les lois nouvelles.

XXXVI. Les précédentes lois sont abrogées en ce qu'elles ont de contraire à la présente.

CONSTITUTION DE L'AN VIII.

Art. 94. La nation française déclare qu'après une vente légalement consommée de biens nationaux, quelle qu'en soit l'origine, l'acquéreur légitime ne peut en être dépossédé, sauf aux tiers réclamans à être, s'il a lieu, indemnisés par le trésor public.

Loi qui proroge le délai accordé aux engagistes et échangistes non maintenus, pour faire la déclaration prescrite la loi du 14 ventose an VII.

Du 16 pluviose an VIII de la république française.

Au nom du peuple Français, Bonaparte, premier consul, proclame loi de la République le décret suivant, rendu par le corps législatif le 16 pluviose an VIII, conformément à la proposition faite par le gouvernement le 6 du même mois, communiquée au tribunat.

DÉCRET.

ARTICLE PREMIER.

Il est accordé un délai de trois mois, à compter de la publication de la présente, aux engagistes et échangistes non maintenus par la loi du 14 ventose an VII sur les domaines engagés, pour faire la déclaration prescrite par l'article XIII de ladite loi.

Ce nouveau délai expiré, la déchéance sera irrévocable contre ceux qui n'en auront pas profité.

II. Les dispositions ci-dessus ne sont pas applicables aux domaines engagés qui auraient été aliénés par la République depuis la déchéance des engagistes et échangistes.

Collationné à l'original par nous président et secrétaires du corps législatif. A Paris, le 16 pluviose an VIII de la République française. Signé GRÉGOIRE, président ; ROSÉE, J. POISSON, secrétaires.

Soit la présente loi revêtue du sceau de l'état, insérée au bulletin des lois, inscrite dans les registres des autorités judiciaires et administratives, et le ministre de la justice chargé d'en surveiller la publication. A Paris, le 26 pluviose an VIII de la République.

Signé BONAPARTE, premier consul.

Contre-signé, *le secrétaire d'état*, HUGUES B. MARET.

Et scellé du sceau de l'état.

Vu, *le ministre de la justice*, signé ABRIAL.

LOIS ET REGLEMENS

CITÉS DANS LE TRAITÉ.

DES DOMAINES ENGAGÉS.